진로, 책 속에 길이 있다

진로, 책 속에 길이 있다

2015년 8월 25일 1판 1쇄 인쇄
2015년 9월 10 일 1판 1쇄 발행

지은이 | 김순례
펴낸이 | 이종춘
펴낸곳 | BM 성안당
주　소 | 121-838 서울시 마포구 양화로 127 첨단빌딩 5층(출판기획 R&D센터)
　　　　413-120 경기도 파주시 문발로 112 출판도시(제작 및 물류)
전　화 | 02-3142-0036
　　　　031-950-=6300
팩　스 | 031-955-0510
등　록 | 1973. 2. 1. 제 13-12호
홈페이지 | www.cyber.co.kr

ISBN | 978-89-315-7853-9 (03300)
정 가 | 13,000원

이 책을 만든 사람들

기획 | 최옥현
편집진행 | 이병일
본문 디자인 | 하늘창
표지 디자인 | 윤대한
홍보 | 전지혜
국제부 | 이선민, 조혜란, 신미성, 김필호
마케팅 | 구본철, 차정욱, 나진호, 이동후, 강호묵
제작 | 김유석

진로,
책속에 길이 있다

김순례 지음

BM 성안당

 **책을 펴면서**

우리는 태어나서 죽을 때까지 삶을 살아가야 합니다. 살다보면 때때로 어떻게 살아야 할지 고민에 빠지기도 합니다. 그럴 때마다 누군가의 도움을 받을 수 있다면 얼마나 좋을까요. 그러나 이는 현실적으로 어려운 일입니다. 그렇다고 방법이 없는 것도 아닙니다. 책에서 답을 구하면 됩니다.

그렇다면 진로를 결정할 때 책이 하는 역할은 얼마나 될까요? 전부라고 이야기할 수는 없지만 많은 영향을 끼치는 것은 사실입니다. 《내 인생을 바꾼 한 권의 책》을 보면 사람들이 선택의 기로에서 읽은 한 권의 책이 어떻게 인생을 바꾸어 놓았는지 잘 알 수 있습니다.

인생의 여러 문제들 중 지금 당장 선택하고 결정해야 하는 것들은 별로 없습니다. 따라서 시간을 가지고 다양한 책을 읽어 나가면서 자신의 진로를 생각해 보는 것이 좋습니다. 꾸준히 독서를 한 사람들은 인생에서 선택의 기로에 섰을 때 책을 통해 문제를 잘 해결할 확률이 높아집니다.

진로를 정할 때 제일 중요한 것은 올바른 정보를 접하는 것입니다. 하루가 다르게 사회가 바뀌고 있는데 부모세대의 정보만을 고집하면 잘못된 진로를 선택할 수 있습니다. 현대 사회는 변화에 적응하거나 대응할 수 있는 능력을 요구합니다. 정확한 정보도, 문제를 해결할 수 있는 능력도 책을 통해 키울 수 있습니다. 책은 항상 새로운 것을 이야기하기 때문입니다.

초 · 중등 시기는 진로의 단계로 볼 때 자기 자신과 직업에 대해 인식을 하는 시기입니다. 다양한 직업을 접해 보며 자신의 적성이 어디에 있는지를 아는 것도 중요합니다. 또 자신이 원하는 일을 하기 위해 필요한 능력이나 자질이 무엇인지를 깨닫고 이를 계발하는 것도 중요합니다. 그렇다고 직접 체험해 보기에는 그 폭이 좁습니다. 그러므로 다양한 책들을 읽고 간접체험을 폭넓게 해보고 글을 쓰며 자기 성찰의 시간을 갖는 것이 중요합니다.

자신의 소질과 능력을 다중지능 검사로 찾아 낸 후에 그것을 더 발전시키기 위해서도 책을 읽으면 좋습니다. 부족한 지능 부분 쪽을 키우거나 발전시키기 위해서도 책을 읽을 수 있습니다. 자신의 강점지능이 무엇인지 알아내어 그 분야와 관련한 진로를 찾아보고 어떤 직업군이 있나 등도 책으로 알아낼 수 있습니다.

진로를 제대로 선택했다고 해도 인성이 바로 잡혀 있지 않다면 아무리 높은 자리에 있어도 하루아침에 추락할 수도 있습니다. 실제로 많은 유명인들이 하루아침에 추락하는 것을 종종 볼 수 있습니다. 이들의 공통점은 인성을 바로 세우지 못해 도덕적 해이로 인해 몰락하게 된 것입니다. 앞으로 살아가면서 자신의 직업을 바꾸어야 할 때도 '이 일을 통해 자아실현을 할 수 있는가?', '이 세상에 도움이 되는 일인가?' 하는 질문에 답할 수만 있다면 아무런 문제가 없을 것입니다. 책을 읽고 책속에서 이야기하는 가치관을 찾아보고 다른 사람과 토론하며 어떤 것이 올바른 가치인지 생각을 나누어 보면 자신의 가치관이 올바로 서고 그 가치관에 따라 인성이 갖추어지게 될 것입니다.

이 책이 나올 수 있도록 힘을 주신 좋은 이웃 윤규 아빠 이경섭 선생님(안산 ○○고 진로상담교사), 윤규 엄마 이현신 선생님(수원 상률초교사), 환훈 엄마 강백향 선생님(이천 ○○초교사), 순도 엄마 이해연 선생님(용인 상하초교사), 민찬 엄마 안현숙 선생님(수원 정천초교사)께 고마운 마음을 전합니다. 열심히 공부하고 글을 실을 수 있도록 허락해 준 우리 친구들 고재영(천천중2), 고하영(영복여고1), 권수연(대평중3), 박서영(천천초6), 손인희(천천중2), 이종구(동원고2), 이하진(이목중1), 정이진(율현중3), 정지명(영복여고1), 하승훈(대평중1)에게도 고마운 마음을 전합니다. 곁에서 묵묵히 응원하는 남편 최재충과 자기의 진로를 열심히 찾고 있는 아들 최준선에게도 늘 고맙습니다.

Contents

3 PART 다중지능과 진로독서

4 PART 인성을 위한 독서와 글쓰기

5 PART 진로 찾기 활동과 글쓰기

1
PART

진로를 찾기
위한
노력들

하워드 가드너는 지능은 예전의 획일적인 지능지수로는 규정되지 않는다고 생각했습니다. 그는 사람마다 강점지능이 다르다고 주장하며 그것을 8개 영역으로 나누었습니다. 이것이 바로 다중지능이론(Multiple Intelligence Theory)입니다. 하워드 가드너는 '누가 누구보다 머리가 좋다'보다 '누구는 어떤 분야의 지능이 더 발달했다'에 초점을 맞추었던 것입니다.

1

자신을
바로 알아야
해요

"네 꿈은 뭐니?"

"농구선수요."

"그래?"

꿈이 농구선수라고 대답을 해서 놀란 것은 아닙니다. 농구선수가 되고 싶다고 한 학생은 중3 남학생이었는데, 키가 165cm밖에 되지 않기 때문에 놀랐던 것입니다.

농구선수가 '되고 싶다'는 것과 '될 수 있다'는 것은 분명히 다릅니다. 물론 이 학생이 앞으로 더 클 수도 있겠지만 현재로서는 부족함이 많습니다.

취미로는 얼마든지 농구를 좋아할 수 있습니다. 하지만 농구선수가 되려면 키가 커야 합니다. 농구는 키가 크면 클수록 유리합니다. 이 사실을 그 친구도 알고 있을 것입니다. 따라서 아무리 농구를 좋아하고 밤낮으로 연습한다 해도 농구선수가 되는 데는 신체적 한계가 있으므로 농구와 관련한 다른 꿈을 갖는 것이 좋습니다.

요즘은 앞으로 얼마나 더 자랄 수 있는지 검사해 주는 기관이 있습니다. 이곳에서 검사를 해 보고 농구 선수들의 평균 신장만큼 클 가능성이 없다면 농구선수로서의 꿈은 접는 것이 좋습니다. 하지만 농구를 향한 열망이 농구와 관련한 다른 길을 열어줄 수는 있을 것입니다.

사람들은 누구나 자신이 하고 싶어 하는 일을 할 때 자신감을 얻고, 행복을 느낍니다. 이를 통해 사회적인 지위나 경제력을 가질 수 있게 된다면 만족도는 더욱 높을 것입니다. 게다가 사회에 도움이 되는 직업이라면 금상첨화겠죠.

그런데 어른들을 보면 "누구는 이 일을 하고 싶어서 하는 줄 아냐?"라는 소리를 종종합니다. 하고 싶지 않은 일을 하면서 살기에 그만큼 스트레스도 많습니다.

그러나 지금은 세상이 많이 달라졌습니다. 과거에는 먹고 살기 위해 일을 했지만, 요즘은 하고 싶은 일을 하며 살 수 있는 사회적 환경이 갖추어져 있습니다.

과거에는 우연에 의해서 직업이나 진로를 결정하는 경우가 많았습니다. 그 때는 정보가 부족했기 때문입니다. 하지만 지금은 진로와 관련된 정보를 얼마든지 모을 수 있습니다. 그리고 적성을 검사하는 방법도 많이 개발돼 있습니다. 요즘은 학교에서도 진로교육이 강화되어 여러 검사를 통해 학생들이 진로를 찾는데 도움을 주고 있습니다. 따라서 조금만 관심을 기울이면 자신의 적성이나 흥미, 성격, 가치관, 신체적 여건, 강점지능 등을 알아볼 수 있습니다.

흥미가 있나요?

누구나 신나는 일들이 있을 거예요. 그게 흥미 있는 분야지요. 그 일을 했을 때 밤을 새워 해도 괜찮다, 밥을 먹지 않고 해도 괜찮다, 뭐 이런 정도의 일이 있다면 얼마나 좋겠어요. 그것을 못 찾아 걱정이지요. 그래도 가만히 자신을 들여다보면 자신이 어디에 흥미를 가지고 있는지 알 수 있어요. 노는 것이 좋을 수도 있고, 공부를 하는 것이 좋을 수도 있고, 음악을 들을 때 좋을 수도 있고, 그림을 그릴 때 좋고 신날 수도 있어요.

그리고 더 세밀히 자신을 들여다보면 노는 게 좋더라도 어디에서 어떻게 노는 것을 가장 좋아하는지 알 수 있어요. 운동장에 나가 뛰어놀 때인지, 게임을 할 때인지, 친구들이랑 이야기하며 놀 때인지. 공부를 할 때 신난다면 특히 어떤 공부를 할 때 신나는지 생각해 볼 수 있어요. 혼자 할 때 신나는지 다른 친구랑 함께 공부할 때 신나는

지. 음악을 들을 때 신난다면 어떤 음악을 들을 때 신나는지 생각해 볼 수 있어요. 클래식인지, 가요인지, 가요 중에도 외국가요인지 우리나라 가요인지, 클래식도 우리나라 음악인지 외국음악인지.

자신이 좋고 신나는 일들을 먼저 알고 있다면 그 분야의 일들을 알아보기 쉽습니다.

운동장에서 몸을 움직이며 노는 것에 흥미가 있다면 스포츠 관련 일들을 하면 좋겠지요. 스포츠 관련 일은 운동선수가 되어 직접 운동을 하면서 자아성취를 할 수도 있고 심판이나 코치가 되어 경기를 판단하거나 운동선수를 지도하는 일을 할 수도 있을 것입니다.

공부를 하는 것을 좋아한다면 특히 어떤 공부를 할 때 더 신나고 재미있는지를 살펴보세요. 국어시간이 좋고 시나 소설들의 글들을 읽거나 쓰기를 좋아한다면 글을 쓰는 사람이나 번역을 하는 일, 또는 극작품을 쓰는 일, 책을 만드는 편집자의 길을 생각해 볼 수 있습니다.

과학시간이 재미있고 그중에서도 사물의 원리에 관심이 있거나 지구에 흥미가 있다면 자연과학 관련 직업이나 공학기사가 될 수 있어요. 동식물에 관심이 있거나 미생물에 관심이 있다면 생물학자나 의사, 보건 관련 일들이나 농업 관련 일을 생각해 볼 수 있습니다.

사회시간이 재미있고 기다려진다면 역사, 지리, 정치, 법률, 외교와 관련된 연구를 하는 사람이나 교수, 법관이나 심리학 쪽으로 방향을 잡아도 괜찮을 것입니다. 교육이나 종교 활동에 관심이 있다면 교사나 성직자를 생각해 볼 수 있고 어려운 처지의 사람들에게 관심이 가고 남을 도와주고 싶은 마음이 자꾸 생긴다면 사회사업가, 경찰관, 소방관, 간호사 등의 직업을 가질 때 만족할 수 있을 것입니다.

경제 활동에 흥미가 있고 기업에 대한 관심이 많다면 경영인이나 제조업자, 경제학자, 은행원, 사무원, 회계사 등을 생각해 볼 수 있습니다.

음악시간이 기다려지고 노래를 부를 때 신나거나 악기를 배우기를 좋아하고 즐긴다면 음악평론가나 성악가, 작곡가, 가수, 지휘자 등 음악 관련 일을 하는 것을 생각해 볼 수 있어요. 그림 그리기를 좋아하거나 그림 보는 것을 좋아한다든지 무엇을 만드는 것을 좋아한다면 미술평론가, 조각가, 화가, 공예가나 보석을 감정하는 보석 감정사, 가구를 제작하는 등의 일을 할 수도 있어요.

기계에 관심이 많거나 흥미를 갖고 있다면 엔지니어, 기계조작 기사나 건축사, 운전기사, 항공사, 기관사로 방향을 잡아 보는 것도 좋습니다.

성격도 중요해요

자기의 꿈을 이루고 일을 하는데 성격도 매우 중요합니다. 성격에 따라 같은 일을 하더라도 달라질 수 있고, 성격에 따라 더 수월하게 할 수 있는 일이 있기 때문입니다. 어떤 친구들은 발표를 잘하는 반면, 발표를 하려고 하면 얼굴이 빨개지고 가슴이 두근거리는 친구들도 있습니다. 새로운 것을 빨리 잘 받아들이는 친구도 있지만 오랫동안 해 오던 익숙한 것들이 더 좋은 친구들도 있지요. 이처럼 사람은 누구나 성격이 다르기 때문에 남과 다르다고 해서 걱정할 필요는 없습니다. 자신의 성격을 잘 안다면 성격에 맞는 진로로 가거나 직업을 찾으면 됩니다.

성격을 진로나 직업에 적용한 대표적 사례는 MBTI(Myers-Briggs Type Indicator)입니다. MBTI는 인터넷에서도 얼마든지 검사가 가능합니다. 검사를 통해 자신이 외향적인지 내성적인지, 감각적인지 직관적인지, 사유형인지 감정형인지, 판단형인지 인식형인지 알 수 있습니다.

처음에는 검사지를 받고 당황하기도 합니다. 이건지 저건지 헷갈리는 질문들이 많기 때문입니다. 칼로 무 자르듯이 명확하게 대답할 수 있는 질문들이면 좋을 텐데, 고민을 좀 해야 하는 질문들이 많습니다. 그렇기 때문에 검사를 하면서 자신의 내면을 진지하게 들여다볼 수 있다는 장점이 있습니다. 인터넷 사이트에서 MBTI 검사를 검색하면 검사해 볼 수 있습니다. 좀 더 상세한 검사와 안내를 원한다면 MBTI 검사를 전문적으로 하는 기관을 이용할 수도 있을 것입니다.

가치관도 매우 중요합니다

남들은 이상하게 생각해도 자신이 보기에 가치가 있다고 생각하면 목숨을 걸기도 하는 사람들이 있습니다. 사람마다 가치관이 다르기 때문에 그렇습니다.

어떤 사람은 의리를 가장 중요하게 생각하기 때문에 이익보다는 의리를 선택하기도 합니다. 반면에 이익을 가장 중요하게 생각하는 사람들은 친구를 저버리기도 합니다. 다른 사람들은 못 해도 본인이 옳다고 생각하면 그 방향으로 나아가는 것입니다.

일을 할 때 자신의 능력을 더 발휘해 더 큰 성과를 얻어내고 싶어하는 사람이 있습니다. 그런 사람들은 변호사나 건축설계기술자, 수의사나 투자분석가, 운동선수 같이 자신의 능력에 따라 성과가 다르게 나타나는 일을 하는 것이 좋습니다.

반복적인 일보다는 다양한 사고와 방법을 연구해서 적용할 수 있는 다양성을 추구하는 사람들은 창조적인 작업을 하는 일러스트레이터, 만화가, 인테리어 디자이너, 관광여행 기획자, 운동 감독 및 코치, 컴퓨터그래픽 디자이너 같은 일들을 할 수도 있어요.

보수가 중요하다고 생각하는 사람은 항공기 조종사, 기계공학자, 감정평가사, 의사, 항해사, 법조인 등의 전문 직종의 일을 진로로 잡을 수 있습니다.

일을 할 때 무엇보다 안정성을 중시한다면, 공무원이나 임상병

리과 의사나, 내과 의사 등의 의료인이나, 교사나 사서 등과 같은 직장의 정규 직종을 찾아보는 것도 좋은 방법입니다.

자율성을 중시한다면 다른 사람들의 관여가 적은 농업인이나 교사, 예술가 등 자율적으로 할 수 있는 일들을 진로로 잡는 것도 좋습니다.

사회봉사에 의미를 둔다면 사회복지사나, 의료인, 경찰관, 상담원, 소방관, 특수교육교사 같은 분야로 나갈 수 있습니다.

발전성을 더욱 생각한다면 자신의 일을 열심히 하면 그것이 경력으로 쌓여 빛을 발할 수 있는 디자이너나 전문기술자, 설계사, 연구원 등의 길로 갈 수 있습니다.

더불어 일하면서 지도력을 발휘하고 싶다면 자신의 일에서 더 열심히 하여 높은 위치를 차지하기 위해 더 노력해야겠지요. 정치인이나 교사, 상품판매원이나 설계사 등은 관계가 더 중요하기도 합니다.

직업에 대한 가치관은 겉으로 보이는 돈이나, 명예, 지위를 중요하게 생각하는 경우와 겉으로 보이지 않는 일의 내용이나 일을 한 후의 보람이나 만족감을 더 중시하는 경우로 나누어 볼 수도 있습니다. 돈이나 명예 지위를 중요하게 생각하는 사람은 일이 아무리 의미 있는 일이라도 만족하지 못할 것이고 보람이나 만족감을 중시하거나 자신이 정말 좋아하는 일을 중요하게 생각하는 사람은 자신이 하는 일의 결과로 많은 임금을 받거나 이름을 떨치고 높은 지위에 올라가도 만족하지 못하게 될 것입니다.

　가치관은 가정환경이나 주변의 영향을 많이 받습니다. 그렇지만 다양한 가치관을 접하기에는 모자람이 있습니다. 이를 보완해 주는 것이 책입니다. 다양한 종류의 책을 접하는 것은 다양한 가치관을 접하는 지름길입니다.

신체적 여건도 중요해요

　어떤 사람들은 겉모습을 보고 "저 친구는 발레리나 하면 좋겠다", "저 친구는 농구선수하면 좋겠다", "저 친구는 달리기 잘 하게 생겼네" 이런 말들을 합니다. 신체적 여건도 어느 정도 타고난다는 이야기겠지요. 신체적 여건은 어떤 일을 하는데 더 잘 할 수 있도록 해주기도 합니다.

　신체적으로 아주 쇠약한 사람들은 강건한 체력을 요구하는 직업은 갖기가 어렵겠지요. 선박갑판원이라든지 철물압연공, 주조공, 광부, 농부, 운반계통 일들은 다른 일들보다 신체적 힘을 더 요구하는 일입니다.

　선천적으로 시력이 좋지 않게 태어나거나 책을 많이 읽거나 눈을 혹사해 시력이 많이 떨어진 사람들이 있습니다. 눈이 아주 좋지 않으면 군 입대가 제한되기도 합니다. 정밀기계를 다루는 일이나 조각을 하는 일, 금세공을 하는 일 등은 좋은 시력을 요구하는 일들입니다. 시력이 좋지 않다면 잘 해내기 어렵겠지요.

화가, 장식도안가, 의사, 염색을 하는 사람, 자수를 놓은 사람, 미술가, 약사 등은 색을 잘 구별해야 하므로 색맹인 경우는 어려움을 겪을 것입니다.

폐가 약한 사람은 먼지가 많이 나는 일이나 작업 환경이 좋지 않은 곳에서 일을 하는 광부, 부식판공, 도금을 하는 일들은 하기 어려울 것입니다. 귀가 잘 들리지 않는 사람들은 재해의 위험이 큰 직업이나 청력을 사용할 일이 많은 음악가나 악기 조율사, 통신사 안내원, 판매원, 교사, 간호사, 의사 같은 직업은 갖기가 어려울 것입니다.

사람들 중에는 냄새를 잘 맡지 못하는 사람도 있습니다. 그런 사람들은 약을 만지는 일, 요리를 하는 일, 화장품을 만드는 일, 향료를 다루는 일, 식료품을 다루는 일을 하기에는 어려움이 있을 것입니다.

아나운서나, 교사, 성악가, 판매원, 서비스직 등은 유창한 말솜씨를 필요로 하는데 발음 장애가 있다면 일을 해내는 데에 어려움이 있을 것입니다.

선천적으로 심장이 좋지 않게 태어난 사람들은 힘을 많이 필요로 하거나 항상 서서 활동하는 직업을 피하는 것이 좋습니다. 아토피 같은 피부질환이 있는 사람들은 화학이나 화공약품을 다루는 일이나 파마약이나 염색약을 만지는 미용일도 하기가 조금 어렵습니다.

손의 조작이 서툰 사람들은 정밀 기계를 다루는 일이나 금세공을 하는 일 등의 손의 기교를 요구하는 직업은 갖기가 어려울 것입니다.

신체적 여건도 개인적 요인으로 꼽는데, 실제로 아이들을 딱 보면 '쟤는 뭐하면 좋겠다.' 하는 생각이 들 때가 있습니다. 신체적 특성이 운동선수나 발레리나에 적합해 보이는 경우가 있기 때문입니다.

신체적 여건은 어느 정도는 타고난 면도 있겠으나 자신의 진로 직업이 정해진다면 거기에 맞는 신체를 만들기 위해 노력할 필요도 있습니다. 오늘날 성별에 따른 경계는 거의 무너졌다고 해도 과언이 아닙니다. 그러나 건강의 경우는 얘기가 다릅니다. 건강은 의지만으로 극복해 내기 어렵습니다. 그러므로 자신의 신체를 잘 관리해야 원하는 꿈을 이루기에 좀 더 수월합니다.

피아니스트가 되기를 원하는 친구가 있었습니다. 그런데 손가락 길이가 짧아 피아노를 칠 때 표현이 안 되는 부분이 있었습니다. 키가 크면 손도 커질 것이라 생각한 그 친구는 키를 키우기 위해 하루에 1,000번씩 줄넘기를 했습니다. 그 결과 원하는 만큼 키가 크고 손가락의 길이도 길어져 피아노를 치는 데 아무런 제약이 없게 됐습니다. 그리고 자신이 원하는 음대에 진학을 할 수 있었습니다.

강점지능도 알아야 해요

하워드 가드너는 지능은 예전의 획일적인 지능지수로는 규정되지 않는다고 생각했습니다. 그는 사람마다 강점지능이 다르다고 주장하며 그것을 8개 영역으로 나누었습니다. 이것이 바로 다중지능 이론(Multiple Intelligence Theory)입니다. 하워드 가드너는 '누가 누구보다 머리가 좋다'보다 '누구는 어떤 분야의 지능이 더 발달했다'에 초점을 맞추었던 것입니다.

하워드 가드너의 주장대로 사람들을 단순하게 '머리가 좋다, 나쁘다'로 규정할 수는 없습니다. 그렇지만 아직도 우리 사회는 머리가 좋다, 나쁘다 두 가지만으로 나누려는 경향이 강합니다.

머리가 좋고 나쁜 것을 나타내는 지능지수(IQ, intelligence quotient)는 논리적 능력과 언어적 능력 위주로 테스트를 합니다. 그리고 테스트를 통해 나온 숫자만을 가지고 사람들을 줄 세웁니다. 개개인의 특성은 전혀 고려하지 않은 채 말입니다.

그러나 사람은 누구나 자신만의 강점을 가지고 태어납니다. 주변의 친구들을 한 번 살펴보세요. 모든 면에 뛰어난 모습을 보여주는 친구도 있기는 하지만 한두 가지 방면에 뛰어난 모습을 보여주는 친구가 더 많을 겁니다. 무언가 부족해 보이는 친구라고 할지라도 그 친구만의 특기를 가지고 있습니다.

사람마다 성격이 다르듯, 잘 할 수 있는 분야 또한 다릅니다. 사람들은 자신이 좋아하고 잘하는 일을 할 때 행복해 합니다. 좋은 성과를 거둘 수 있는 것은 두 말할 것도 없습니다. 이처럼 남과의 비교보다는 자신 안의 강점을 찾도록 도와주는 것이 다중지능 검사입니다. 다중지능검사를 전문으로 하는 기관에서 다중지능검사를 받아보거나 인터넷에서 다중지능간단검사를 해볼 수 있습니다. 다중지능검사를 해서 자신의 강점지능이 무엇인지, 약점지능이 무엇인지 알아보세요.

2   주변을
                    보면
                    길이 보여요

크레이그 킬버거, 마크 킬버거 형제는 세상에서 가장 용감한 형제로 알려져 있습니다. 이들은 '어린이에게 자유를(Free the Children)'이란 단체를 통해 지금까지 100만 명이 넘는 어린이들을 도와주었습니다.

크레이그는 12세 때 단체를 만들어 바다 건너 제3세계 아이들을 돕기 시작했습니다. 형 마크는 13세 때부터 환경보호에 눈 떴으며 방콕의 빈민가에서 에이즈 환자들을 돕거나 케냐에서 여성공동체를 만드는 데 기여했습니다.

이들은 CNN, 뉴욕 타임스 등의 언론 매체를 통해 세상에 널리 알려졌습니다. 크레이그는 세계경제포럼이 정한 '내일의 세계 지도자'로 지명되었고, 넬슨 만델라 인권 상을 수상했으며, 노벨평화상

후보로 3회나 거론되었습니다. 이들은 지금도 전 세계 40여 개국을 순회하며 어린이 인권보호 활동에 힘쓰고 있습니다.

이 친구들은 어떻게 그런 생각을 하게 되었고 행동으로 실천했을까요? 크레이그는 어느 날 자신과 같은 또래 아이들이 가난과 노동에 시달리고 있다는 신문 기사를 보고 큰 충격을 받아 그들을 돕는 데 자신의 힘을 보태기로 했다고 합니다.

누구나 신문이나 방송 매체를 통해 이런 뉴스를 접할 수는 있습니다. 그러나 이들을 돕기 위해 실제 행동으로 옮기는 사람들은 드뭅니다. 이들을 행동하게 만든 사람은 그들의 할머니였습니다. 형제는 삶을 살면서 어려운 문제가 있으면 늘 할머니에게 도움말을 구했다고 합니다.

형제의 할머니는 90세이시지만 아주 활기차시고 늘 사회문제에 관심을 기울이고 있다고 합니다. 그리고 몇 년 동안 혼자 사시면서 자기 자신뿐만 아니라 이웃을 돌보고 있다고 합니다. 이웃들 역시 할머니를 돌봐주고 있고요.

할머니가 이웃들을 위해 하는 행동은 거창한 것은 아닙니다. 누군가 아프면 제일 먼저 그 사람 집을 방문해 따뜻한 말을 건네거나 죽 냄비를 슬쩍 내미는 정도입니다. 그러나 이웃들은 할머니의 마음 씀씀이에 벅찬 감동을 느끼는 것이지요.

어느 날, 형제는 책을 쓰는데 참고하기 위해 할머니를 찾아가 당신이 생각하는 행복과 삶의 의미에 대해 질문을 했습니다. 할머니는

"마음이 부자가 되도록 노력하는 것"이라고 대답하셨습니다. "너희가 하는 포옹과 너희가 사람들의 얼굴에 가져다주는 미소로 성공을 가늠하도록 해라."라는 말과 함께요. 형제는 자신들의 할머니를 세상에서 가장 부자라고 생각한다는군요.

형제의 또 다른 멘토는 부모님입니다. 부모님 모두 교사로 일하다가 은퇴해서 형제가 만든 단체에서 자원봉사 활동을 하고 있습니다. 이렇게 부모와 자녀가 공동의 목적과 비전을 가지고 함께 일을 하니 가족의 정이 더욱 끈끈해졌다고 합니다.

형제는 무슨 일을 하든지 격려와 지원을 아끼지 않는 부모님 덕에 길을 찾을 수 있었다고 합니다. 이들은 부모님이 자신들이 가려는 길을 이해하고 받아들여 충고와 용기를 나누어 준 것을 큰 행운이라고 생각하고 있습니다.

형제는 진정한 삶의 스승을 만나 경이로운 경험을 쌓을 수 있었다고 믿고 있습니다. 진정한 삶의 스승이 할머니, 부모님 등 가장 가까운 곳에 있던 사람이었다는 것은 정말로 행운이 아닐 수 없습니다. 이들 형제를 통해 삶을 바라보는 눈은 대개 가족과 가정교육을 통해 형성된다는 말이 증명된 셈입니다.

얼마 전 한 학생을 만났습니다. 중학 과정을 검정고시로 마치고 고등 과정을 대안학교에서 공부한 친구입니다. 늘 그 학생이 어떻게 지내는지 궁금했는데 몇 년 전 신문에서 소식을 접하게 되었습니다. 그 친구는 영화를 만들고 있었습니다. 이후, 2년여의 시간이 흘러 어떻게 지내는지 연락을 했더니 성균관대학교에서 영상 공부를 하고 있다고 했습니다. 정말 잘 되었다고 한 번 만나자고 했더니 기꺼이 달려와 주었습니다.

이 친구에게 어쩌다 영상 쪽을 전공하게 됐는지 물어보았습니다. 학생의 아버지는 방송국 PD였고, 지금도 영상 관련 사업을 하고 있다고 했습니다. 방송국 PD 시절 일을 하시다 늘 늦게 들어오시는 아버지가 너무 싫어서 자기는 그 쪽 일에 대해서는 한 번도 긍정적으로 생각한 적이 없다고 했습니다. 그런데 언제부터인가 시나리오를 쓰게 되었고 아버지는 그런 자신을 열심히 뒷바라지 해 주었다고 했습니다. 결국 이 친구는 영화계 쪽 일을 하게 됐고, 영화를 세 편 정도 만들었다고 했습니다. 영화관에 취직해서 돈을 벌기도 했고요. 이렇게 지내다가 이번에 성균관대학교에 특별 전형으로 입학하게 됐다고 했습니다.

요즘은 이 친구처럼 부모님이 하던 일을 대를 이어 하는 경우가 늘어나고 있습니다. 텔레비전만 보더라도 연예인 2세들의 활약이 눈부신 것을 확인할 수 있습니다. 아마도 어려서부터 보아 와서 익숙할 수도 있고 부모님의 끼를 이어받은 까닭도 있겠지요.

어떤 일을 하든지 부모님이 하던 일을 이어서 하는 것은 큰 도움이 됩니다. 부모님이 쌓아 온 명성이나 인맥을 바탕으로 일을 시작할 수 있으니 빈손으로 시작하는 것보다는 훨씬 낫습니다.

그렇지만 부모님이 하던 일이라고 해서 억지로 물려받는 것은 좋지 않습니다. 자신도 그 일을 진정으로 원해야 합니다. 자신이 진정으로 그 일을 원하고, 원하는 일을 할 능력을 갖추고 있다면 부모님이 하던 일을 물려받는 것처럼 좋은 것이 없습니다. 어릴 때부터 익숙한 환경에서 일을 할 수 있으니 사회생활을 시작하기에 이보다 좋은 환경은 없을 것입니다.

3 다양한 많은 사람을 만나요

내 주변의 영향을 받으면 좋겠지만 그렇지 못할 경우도 많습니다. 그렇기 때문에 어려서부터 많은 경험을 하는 것이 중요합니다. 집과 학교만 왔다 갔다 하다 보면 다양한 세계를 만날 수 없습니다. 그렇다고 멀리 떠나라는 얘기는 아닙니다. 지역 사회 속에서 만날 수 있는 사람들을 유심히 살펴보는 것만으로도 큰 도움이 됩니다. 어쩌면 내 주변에 삶에 통달한 고수가 숨어 있을지도 모릅니다.

다양한 사람을 만나 폭 넓은 경험을 하고, 롤 모델을 찾는 것은 진로를 설계하는데 큰 도움이 됩니다. 그렇지만 직접 경험은 한계가 있으니 책이나 대중매체를 활용하는 것도 도움이 될 것입니다.

맹자의 어머니는 어린 아들을 위해 세 번 이사를 했습니다. 처음에는 묘지 근처에서 살았는데 맹자가 상여꾼 흉내를 내자 시장 근처로 이사를 했습니다. 그런데 얼마 지나지 않아 맹자는 장사꾼 흉내를 내기 시작했습니다. 그걸 본 맹자의 어머니는 맹자에게 공부하는 분위기를 만들어주기 위해 서당 근처로 이사를 했습니다. 맹자가 훌륭한 사상가로 자라 날 수 있었던 데에는 어머니의 보이지 않는 노력이 있었던 것입니다.

그런데 맹자가 공부만 하는 샌님이었다면 위대한 사상가가 되지 못했을 것입니다. 장례 치르는 광경, 시장에서 흥정을 하는 광경 등 다양한 것을 보고, 체험하며 자랐기에 인간의 삶을 관통하는 철학을 집대성할 수 있었을 것입니다.

물건을 파는 흉내를 내면 어떻고, 장례 치르는 모습을 흉내 내면 어떻습니까? 이런 것들도 사회의 한 모습이고, 꼭 필요한 부분입니다. 그렇기 때문에 배울 점 또한 있습니다.

시장에 가면 열심히 장사하는 사람들을 만날 수 있습니다. 그래서일까요? 삶의 활력이 떨어질 때, 시장에 들러 기운을 받고 온다는 사람들도 있습니다.

동네 문화원은 또 어떻습니까? 이곳에 가면 저렴한 가격에 다양한 강좌를 들을 수 있습니다. 저렴하다고 해서 이곳에 있는 선생님들까지 저렴하지는 않습니다. 각 분야에서 실력을 갈고 닦은 전문가들이 강의를 진행합니다.

학생들이 하루의 대부분을 보내는 학교도 늘 똑같은 일이 반복되는 것 같지만 그렇지 않습니다. 학생들은 매년 새로운 선생님들을 만날 수 있습니다. 선생님마다 반을 운영하는 방식이 다르니 해마다 새로운 분위기에서 학교생활을 할 수 있습니다. 해마다 새로운 롤 모델과 생활 방식을 접할 수 있으니 학교에 다니는 게 얼마나 감사한 일입니까.

필자는 어릴 때 시골에서 자랐습니다. 동네의 어른들 대부분은 농사를 지었습니다. 다른 직업을 가진 분은 손에 꼽을 정도였습니다. 농사짓는 분 이외에 철도청에 다니시는 분 한 분, 선생님 두 분을 본 것이 필자가 어릴 때 접한 직업의 전부였습니다.

그러다 학교에 들어가니 많은 선생님들을 만날 수 있었습니다. 1년에 한 번 건강 검진을 할 때는 읍내에 한 분뿐이신 의사 선생님을 만나 볼 기회도 있었습니다. 학교 뒤편에는 문방구가 있었는데 이곳은 아주머니 세 분이 운영을 하고 있었습니다. 동네에서만 지낼 때보다는 여러 사람을 만날 수 있었지만, 공부가 끝나면 집에 바로 가야했기에 더 많은 사람을 만나기는 무리가 있었습니다.

6학년 때 담임선생님은 아이들에게 꿈을 심어주기 위해 많은 노력을 하셨습니다. 담임선생님은 아이들에게 틈나는 대로 장래희망이 무엇인지 물어보셨습니다. 그 때마다 대부분의 여자아이들이 현모양처라고 대답했습니다. 필자의 경우도 크게 다르지 않았습니다. 필자가 아는 직업이라고는 학교 선생님, 의사 선생님, 문방구 아주머니밖에 없으니 선택지가 별로 없었습니다. 그래서일까요? 어릴 적 필자의 눈에는 동네 사람들의 존경을 받는 학교 선생님이 가장 좋아보였습니다.

어린 시절을 시골에서 보내는 것은 참 좋은 경험이라고 생각합니다. 그러나 이상을 심어 줄 사람이 별로 없다는 것은 인생을 설계하는 데 있어 큰 단점이었습니다.

필자는 고등학교에 진학할 무렵부터 선택의 기로에 섰습니다. 인근 도시의 인문계로 갈 것인지, 상업계로 갈 것인지. 아니면 다른 지역의 학교로 갈 것인지 선택을 해야 했습니다. 이때 누군가의 도움을 받았다면 선택의 어려움이 없었을 것입니다. 막연히 공부를 더 해야 할 것 같은 생각에 인문계 고등학교를 선택했습니다. 고등학교를 졸업할 즈음이 되니 이번에는 어떤 학과에 들어가야 할지 고민을 하게 됐습니다. 어릴 때부터 친하게 지낸 친구는 꾸준히 그림을 그려왔기 때문에 별 고민 없이 미술대학을 선택했습니다. 그러나 필자는 어떤 학과를 선택해야 할 지 늘 고민을 했습니다.

재미있는 것은 우리가 서로를 부러워했다는 것입니다. 필자는 아무런 고민 없이 학과를 선택한 친구가 부러웠고 친구는 "넌 얼마나 좋냐? 네가 하고 싶은 것 고를 수 있으니."라고 하면서 필자를 부러워했습니다.

그러나 필자는 어릴 때 친구뿐만 아니라 같은 반 친구들 역시 부러워했습니다. 인생의 진로에 대한 정보가 거의 없었던 필자에 반해 같은 반 친구들은 매우 다양한 진로를 꿈꿨기 때문입니다. 심지어 '어떻게 저런 것까지 아는 걸까?' 하는 의문까지 들더군요. 지금

이야 같은 반 친구들이 다양한 경험을 했기 때문에 다양한 진로를 꿈꿀 수 있었다는 것이 이해가 되지만 그때는 정말 부럽기만 했습니다. 이처럼 다양한 직업을 가진 사람들을 접하는 것은 자신의 인생을 설계하는 데 큰 도움이 된다고 할 수 있습니다.

4 꿈을
꾸어요

꿈의 힘이 얼마나 센지 보여주는 영화가 있습니다. 바로 〈가타카〉라는 영화입니다. 〈가타카〉에는 자신의 꿈을 멋지게 이루어내는 빈센트라는 인물이 등장합니다.

영화의 배경은 미래입니다. 아기를 낳을 때 유전자 조작을 통해 열성인자를 완전히 제거하고 우성인자만을 갖고 태어날 수 있게 할 정도로 과학이 발달한 미래입니다. 유전자 조작 단계를 거치지 않고 아무런 계획 없이 남녀의 사랑만으로 태어난 아이들은 '신의 아이'라고 불립니다.

주인공인 빈센트는 '신의 아이'로 열등한 유전자를 갖고 태어납니다. 그의 꿈은 우주비행사지만 열성인자 때문에 우주항공회사인 가타카에는 들어갈 수가 없었습니다. 가타카에 들어가기 위해서는 혈

액검사, 소변검사, 신분검사를 통과해야 하는데 열등인자를 가지고 있는 빈센트는 통과할 수가 없었던 것입니다.

그러나 빈센트는 꿈을 놓지 않았습니다. 그는 꿈을 이루기 위해 제롬 모로우에게서 우성인자를 삽니다. 빈센트는 신분이 노출될 위기를 겪기도 하지만 끝까지 노력을 멈추지 않았습니다.

이 영화는 자신이 정말로 하고 싶은 일이 있고, 노력을 한다면 그 무엇도 장애가 되지 않는다는 것을 잘 보여주고 있습니다. 유전자로 운명이 결정되는 일은 결코 없다는 것이지요.

어른들은 흔히 '하고 싶은 것을 하며 살라.'고 말합니다. 그런데 대부분의 학생들은 자신이 정말로 하고 싶은 일이 무엇인지 잘 모르고 있습니다. 오로지 공부만 하며 살아왔기 때문입니다. 그것도 강요에 의해서요. 성적이 잘 나오기를 바라는 부모님을 만족시키기 위해, 혼나지 않기 위해, 성적이 오르면 사 주기로 한 물건을 얻기 위해 공부를 한 것입니다.

사람은 자신이 경험한 테두리 안에서 꿈을 꿀 수 있습니다. 그렇기 때문에 앞서 많은 사람을 만나라고 한 것입니다. 그런데 사람들을 직접 만나는 데에는 한계가 있습니다. 그렇다고 걱정할 필요는 없습니다. 다양한 분야의 책을 통해 다양한 사람들을 만나면 되니까요.

이제 꿈꿀 시간도 없이 바쁘기만 한 생활에서 잠시 벗어나 자신의 시간을 가져봅시다. 그 시간에 새로운 사람을 만나면 좋겠지만,

어렵다면 책을 펼쳐 봅시다. 책에는 다양한 사람들의 다양한 삶이 녹아들어 있습니다. 그들의 삶을 통해 어떤 새로운 직업이 있는지, 어떻게 사는 게 값진 삶인지 알아보는 것도 좋은 경험이 될 것입니다. 책 속에서도 얼마든지 자신의 가치관을 찾을 수 있습니다.

5   같이
찾아요

준성이가 어느 날 제게 물었습니다.

"선생님 저 유학 가고 싶은데 캐나다가 좋아요? 뉴질랜드가 좋아요?"

"글쎄? 각각 특징이 있지 않을까? 좀 더 알아보고 말해줄게. 엄마 아빠는 뭐라고 하셔?"

"그냥요. 제 맘대로 하래요."

얼마 뒤 준성이가 제게 또 말을 걸었습니다.

"선생님 저 공고 가려고요."

"왜 공고를 가려고 하는데?"

"취직도 더 잘 되고 대학 들어가기도 인문계보다 더 낫다고 해서요."

"어디서 그런 말을 들었는데?"

"얼마 전에 고등학교 형들이 와서 학교 설명회를 하면서 그러더라고요."

"그 말이 틀린 건 아닌데, 그 길이 너한테 맞을까? 선배들 말만 들을 것이 아니고 좀 더 신중하게 생각해 보는 것이 좋을 것 같아."

준성이가 좋아하는 것은 자연과학 쪽입니다. 이 친구는 어릴 때부터 무언가를 기르고 관찰하고 글로 남기는 것을 좋아했습니다. 책 읽기도 즐겨하고, 여행도 많이 다니고, 예체능 쪽으로도 많은 경험을 했습니다.

며칠 뒤 준성이 어머님께서 연락을 하셨습니다.

"선생님, 준성이가 공고를 간다고 하는데 어쩌면 좋아요?"

"부모님께서 동의 하신 것 아니세요?"

"아니요. 어디서 뭘 듣고 왔는지 쟤가 그러네요."

준성이는 중3입니다. 구체적으로 자신의 진로를 생각해야할 때입니다. 준성이 아버님은 직장을 다니시면서 대학에서 강의도 하시는 분입니다. 진로 교육에 대한 관심이 높아서 관련된 강의가 있으면 어떻게든 시간을 내어 들으러 가시는 분입니다. 그래서 아버님께서 잘 알아서 결정하셨겠지 생각하고 있었는데 그게 아니었던 모양입니다.

준성이는 중학교에 진학할 때 자연과학을 가르치는 대안학교를 선택했습니다. 그런데 막상 학교에 들어가 보니 자신의 능력을 발휘할 만한 환경이 아니었습니다. 게다가 교육 프로그램이 부모님 생각과 맞지 않아 1학년 과정을 마친 후, 2학년 때는 일반 중학교로 전학을 갔습니다.

그런데 고등학교에 진학할 때가 되자 갑자기 공고를 간다고 하니 부모님은 걱정이 되셨던 것입니다. 더욱이 준성이가 무언가를 만들고 조작하는 모습을 본 적이 없었던 부모님으로서는 준성이가 공고에 적응을 못하고 다시 인문계 고등학교로 옮기지 않을까 걱정을 하셨습니다.

그래서 부모님은 준성이가 다양한 적성검사를 받도록 했습니다. 그리고 적성검사 결과를 토대로 준성이와 의견을 조율한 끝에 자연과학에 대한 관심은 높으나 능력이 부족해 직업으로 좋지 않을 것 같다는 결론을 내렸습니다. 공고에 진학하는 것 역시 준성이의 흥미나 능력, 그리고 앞으로 준성이가 하고자 하는 일과 부모님의 이상에 맞지 않아 그만두기로 했습니다.

준성이는 자연과학 쪽 이외에도 외국어에 대한 관심이 높았습니다. 그리고 언어능력도 뛰어났습니다. 게다가 어려서부터 외국 여행을 많이 해서 여러 나라에 대한 관심과 이해도가 높았습니다. 준성이의 언어능력은 외국어뿐만 아니라 친구들의 얘기를 잘 들어주고 자신의 의견도 조리 있게 말하는 데에서도 빛이 났습니다.

그래서 준성이와 부모님은 이런 특성을 고려해서 외교관을 목표로 삼기로 했습니다. 이렇게 해서 준성이의 고민은 일단락됐습니다.

부모가 일방적으로 결정하는 것이 아니라 자식과 충분히 협의를 하고, 이에 대해 전문가의 조언을 구하고, 스스로 전문가 못지않은 소양을 갖추어 방향을 제시해 주는 모습이야 말로 이상적인 조언자의 모습이 아닐까 하는 생각이 들었습니다.

준성이의 부모님만 이상적인 조언자의 모습을 가지고 있는 건 아닐 겁니다. 자식에게 무조건적인 사랑을 베푸는 부모님 모두가 이상적인 조언자입니다. 그러므로 진로에 대한 고민이 생길 때 부모님을 믿고 자신의 생각을 말하고 도움을 요청해 보세요. 부모님은 여러분과 함께 고민하고 길을 찾아주실 겁니다.

PART 1
진로를 찾기 위한 노력들

2 PART

진로를
실현하기 위한
노력들

좋아하는 것을 열심히 하다보면 잘 할 수 있게 됩니다. 좋아하는 일은 쉽게 질리지 않기 때문에 지속적으로 반복적으로 할 수 있습니다. 반면에 잘하는 것이라도 흥미가 없으면 오래 하지 못하는 경우가 많습니다. 주변에서 볼 때는 아무 문제가 없어 보이는데 정작 본인은 힘들어 하는 경우가 바로 이 경우입니다. 이럴 때는 직업을 바꾸어 진로를 바꾸는 게 좋습니다. 잘하는 것보다는 좋아하는 것을 하면 더 잘 하게 됩니다.

1

직업에
긍정적인 마음을
가져야 해요

직업을 갖지 않으면 안 될까요? 물론 안 됩니다. 직업은 진로를 실현하는 구체적인 방법이니까요. 직업을 갖는 것은 단순히 돈을 벌기 위함만은 아닙니다. 사람들이 직업을 갖는 것은 행복의 필수조건이기 때문입니다.

삶과 일은 떼어 놓을 수 없습니다. 사람들은 매일 아침에 일어나 잠자리에 들기까지 의식적인 활동을 하면서 삽니다. 그것이 바로 일입니다. 일은 내용에 따라 그 사람의 지위나 생활수준, 정신 건강 등 생활양식 전반에 큰 영향을 끼칩니다.

일은 생계유지의 수단이기도 합니다. 일을 해야 돈을 벌 수 있고 돈이 있어야 생계를 유지할 수 있기 때문입니다. 또 일을 통해서 자아실현이 가능합니다. 자신이 하고 싶어 하는 일을 성취해낼 때 자아가 실현됩니다. 일을 통해서 가정과 사회와 국가에 봉사할 수도 있습니다. 결국 일이란 나와 남을 동시에 돕는 행위입니다. 이러한 일을 안정적으로 잘 할 수 있도록 하는 것이 바로 직업입니다.

세상에는 많은 사람들이 있습니다. 대부분의 사람들은 일을 하면서 자아를 실현하고 남을 돕습니다. 물론 일정한 직업이 없어도 남을 도우며 살 수 있습니다. 하지만 일정한 일이 있으면 좀 더 쉽게 남을 도우며 살 수 있습니다. 자신의 일을 통해 도울 수도 있고 일을 통해 얻은 수입으로 도울 수도 있습니다.

과거 농경사회에서는 어린아이부터 할아버지 할머니까지 자신의 역할이 있었습니다. 농사라는 것이 큰 것만 아니라 작은 일들도 많기 때문에 각자 능력에 맞는 일을 담당했던 것입니다.

노인들의 경우 힘든 일은 할 수 없지만 농사에 필요한 지혜를 물려 줄 수는 있었습니다. 그래서 돌아가시는 순간까지도 가치를 인정받을 수 있었습니다.

그런데 현대 사회에서는 노인들이 설 자리가 점점 없어지고 있습니다. 뒷방 늙은이가 되거나 요양시설에 들어가 쓸쓸히 생을 마감하는 경우가 늘어나고 있습니다. 그러므로 자신의 삶의 주체가 되기 위해서는 죽는 순간까지 일을 손에서 놓으면 안 됩니다.

《친구가 되어 주실래요》의 이태석 신부는 직업이 신부이자 의사입니다. 그는 남수단에 가서 현지인들과 친구가 되어 그들을 돌보아 주었습니다. 그리고 음악적 재능을 살려 그들의 삶을 좀 더 풍요롭게 만들어 주었습니다.

그런데 이태석 신부가 단지 신부라는 직업으로만 그들에게 다가 갔다면 친구가 되기는 힘들었을 것입니다. 의사라는 또 다른 직업이 있었기 때문에 그들의 삶에 깊숙이 들어갈 수 있었습니다.

이태석 신부는 그 지역 사람들과 함께 웃고 울고 가슴으로 품어 가며 살았습니다. 덕분에 그 지역 사람들은 마음의 평화를 찾을 수 있었습니다. 더불어 병으로 고통 받던 육체도 치유할 수 있었습니 다. 이처럼 일은 돈을 버는 수단이기도 하지만, 남을 돕는데도 큰 힘 을 발휘합니다.

하버드대 졸업생들(전체 연구 대상 814명 중 268명 포함)의 삶을 추적 해 행복의 조건이 무엇인지 조사한 것을 본 적이 있습니다. 행복한 사람들 중의 90%가 형제자매나 사회적으로 원만한 인간관계를 유 지한 사람들이라는 연구결과가 나왔습니다.

연구에 따르면 행복하기 위해서는 7가지 조건이 충족되어야 한 다고 합니다. 그것은 바로 긍정적인 삶의 태도, 안정된 결혼, 알맞은 교육, 금연, 금주, 운동, 적당한 체중이었습니다.

연구 결과가 아니더라도 사람들이 흔히 행복의 조건으로 꼽는 것은 건강, 경제적 안정, 자아실현, 봉사, 원만한 인간관계 등입니 다. 이러한 조건과 직 · 간접적으로 연관을 맺고 있는 것이 직업입 니다. 직업은 경제적 안정, 자아실현, 봉사를 가능케 하는 행복의 도구입니다.

2

미래의
변화를
받아들여야 해요

우리 사회는 급격히 변화해 왔습니다. 지난 4,000여 년에 걸쳐 서서히 변화해 온 문화는 최근 50~60년 사이에 획기적인 변화를 겪었습니다.

50~60년 전에는 손 글씨로 문서를 작성했지만, 지금은 컴퓨터로 문서를 작성합니다. 전화의 경우, 마을에 한 대 있을까 말까 했지만 요즘은 누구나 손에 들고 다닙니다.

30년 전만 하더라도 석탄 공사는 아주 좋은 공기업이었습니다. 하지만 지금은 연탄을 주 연료로 사용하는 사람들이 줄어들면서 수많은 탄광이 문을 닫았습니다. 이제 석탄 공사는 그다지 인기 있는 직장이 아닙니다.

마찬가지로 30년 전에는 인기 학과였던 자원공학과도 이제는 인기가 없습니다.

최근 미국의 유명한 주간지 타임에서 세상에 널리 알려지지 않았지만, 장래성 있는 '5대 유망 직업'을 뽑아 소개했습니다. 병원 안에서 컴퓨터 단층 촬영기(CT)나 자기 공명 영상(MRI) 장비를 다루는 '방사능 의료 기술자', 해킹을 방지하는 '인터넷 보안 전문가', 의료 장비를 관리하는 '의료 장비 수리 전문가', 기업에서 직원들이 편안한 환경에서 일을 할 수 있도록 여러 환경을 연구하는 '보건 · 웰빙 교육 전문가', 그리고 '상담 심리 치료사' 등입니다. 현재 미국에서 가장 많은 연봉을 받는 직업은 인터넷 보안 전문가로 1억 6,612만 원을 받는다고 합니다. 지금도 유망하지만, 미래에도 살아남을 직업으로는 회계사와 법률가, 의사, 변호사, 약사, 교사, 목수, 벽돌공 등이 있다고 합니다.

한 치 앞도 모르는 것이 인생이라고는 하지만, 앞으로 로봇과 경쟁해야 하는 날이 올지도 모릅니다. 그렇다면 로봇이 대신할 수 없는 일을 가져야 하겠지요. 그런 일에는 어떤 것이 있을까요? 바로 로봇이 할 수 없는 사교적인 일, 형이상학적인 사고가 필요한 직업군입니다.

뉴미디어를 마음대로 다룰 수 있는 능력도 미래에는 중요합니다. 가상환경을 다룰 수 있는 직업도 좋은데, 정보 보안 전문가나 빅 데이터 분석가, 인공 지능 전문가, 모바일 애플리케이션 개발자 등도 미래에 살아남을 직업입니다.

앞으로 사회는 더욱 빠르게 변화할 것이고 문화 또한 하루가 다르게 변할 것입니다. 농담처럼 하는 말 중에 '쌍둥이도 세대차가 난다'는 말이 있습니다. 그만큼 변화의 속도가 빨라진다는 것이지요. 빠른 변화는 다양한 직업군을 낳을 것입니다. 반면에 없어지는 직업군도 많을 것입니다. 어떤 직업이 유망할지 없어질지 정확히 예측하는 것은 어렵습니다. 그렇기 때문에 사회 변화에 맞춰 자신의 진로를 수정할 수 있는 유연성을 갖추는 게 무엇보다 중요합니다.

3 인생의 변화에 적응할 수 있어야 해요

필자의 마음속에는 롤 모델이 한 분 있습니다. 바로 박정희 할머니입니다. 직접 뵌 적은 없지만 방송매체를 통해서 여러 번 뵈었습니다. 그 때마다 정말 대단하시다는 생각을 했습니다.

할머니는 올해 93세가 되셨지만 지금도 학생들을 가르치고 전시회를 하십니다. 할머니가 화가로 공식 데뷔한 나이가 67세였다고 합니다. 67세에 인생의 전환점을 맞으신 것입니다. 그림은 8살 때부터 그렸다고 합니다. 보통학교 교사로 일하신 적도 있고 전업주부로 1남 4녀를 키워내셨고 23명의 대가족을 돌보기도 하셨습니다.

그렇게 바쁜 가운데서도 꾸준히 글을 쓰셨고, 지금도 날마다 일기를 쓰신다고 합니다. 자녀를 키우며 쓴 육아일기는 책으로 출간된 적도 있습니다. 할머니께서 손수 만들어 자녀들에게 주기도 한 동화

책 중의 한 권은 정식으로 출판되기도 했습니다.

할머니는 미술학원 운영이나 전시회로 생긴 수입을 모아 한국 점자도서관과 인천 맹인 복지회관을 건립하셨습니다. 지금도 매년 1,000만원을 송암 장악회에 기부해 시각장애 대학생들에게 장학금을 주고 계십니다. 이런 활동 덕분에 17회 장애인의 날 국민훈장 동백장을 받기도 하셨습니다.

이보다 더 삶을 잘 살 수는 없을 것 같습니다. 끊임없이 자신의 진로를 개척해 오신 결과라 생각합니다.

11년 동안 다녀오던 대기업을 하루아침에 던지고 뛰어나온 김병완 씨는 마음의 소리를 들어야 한다고 주장합니다. 리쌍이 부른 노랫말 중 "내가 웃는 게 웃는 게 아니야, 내가 걷는 게 걷는 게 아니야"란 것이 있습니다. 김병완 씨는 남들이 부러워하는 직장에서 팀장을 하고 있었지만 자신의 삶은 '내가 사는 게 사는 게 아니'였다고 했습니다.

김병완 씨는 복잡한 도시를 벗어나, 2년 2개월 동안 호숫가에서 살며 인생의 다양한 문제들을 성찰했던 소로우처럼, 낯선 도시 부산에서 하루에 10~15시간씩 1000일 동안 도서관에 들어 앉아 책만 읽었습니다.

거의 1만 권이나 되는 책을 읽은 김병완 씨는 어느 날 갑자기 글쓰기 욕구가 솟아올라 글을 쓰기 시작해 근 2년간 33권의 책을 써냈습니다. 이후 기업체와 여러 단체에서 강의를 하고 방송활동을 하고 있습니다.

김병완 씨는 긴 인생에 대비하기 위해서는 대체불가능한 사람, 비교 불가능한 사람이 되어야 한다고 주장합니다. 그리고 그런 사람이 되기 위해서는 책을 많이 읽어야 한다고 주장합니다. 그는 책 한두 권을 읽는다고 인생이 바뀌지는 않지만 10,000권의 책은 인생을 바꾸기에 충분한 양이라고 생각하고 있습니다. 그 이유는 책을 많이 읽으면 의식이 바뀌기 때문이라고 합니다. 김병완 씨의 주장은 《나는 도서관에서 기적을 만났다》라는 책에 잘 드러나 있습니다.

지금 청소년기에 있는 학생들이 나이가 들었을 때는 평균수명이 더욱 늘어날 것입니다. 그러므로 평생 행복하게 자신이 하고 싶은 일을 하며 살아가기 위해서는 자신의 강점을 잘 알고 부족한 부분을 채워나가야 합니다.

삶을 살면서 직업은 몇 번이고 바꿀 수 있습니다. 그런데 그 중심에는 항상 자신이 있어야 합니다. 행복한 삶을 살 수 있도록 말입니다. '내 인생은 나의 것'이라는 노래처럼 자신의 인생에서 주인공이 되어야 합니다. 그러기 위해서는 그 때 그 때 자신을 바꾸어 나갈 수 있는 힘이 필요합니다.

4 가치 실현을 해야 해요

많은 아이들이 초등학교 때부터 특목고를 꿈꾸며 학원에 다닙니다. 그 중에는 역량이 안 되면서도 무작정 특목고만 바라보는 아이들이 있습니다. 심지어 특목고가 무엇인지 정확하게 알지도 못하면서 그냥 특목고, 특목고 하는 경우도 있습니다. 아이들에게 왜 특목고를 가려고 하는지 물어보면, "엄마가 특목고 가래요."라고 대답하는 경우가 많습니다. 왜 이렇게 많은 엄마들이 특목고에 목을 매는지 알 수가 없습니다.

어쨌든 중3이 되면 그 꿈이 보다 현실적으로 다가옵니다. 이때가 되면 특목고에 갈 수 있는지 없는지 어느 정도 윤곽이 나옵니다. 그런데 자신이 원하는 고등학교에 진학을 한다고 해서 꿈이 실현되는 것은 아닙니다. 원하는 대학에 들어가는 것도 마찬가지고요. 그러면 직장에 취업해서 경제활동을 하고 자아실현을 하면 끝나는 것일까요? 아닙니다. 진로라는 것은 삶이 끝날 때까지 꿈을 향해 끊임없이 나아가는 것입니다. 그러므로 '어떤 일'을 하느냐가 중요한 게 아니라, '어떻게' 하느냐가 중요합니다.

《행복한 청소부》에 등장하는 청소부는 거리를 청소하는 사람입니다. 그는 매일 가로등을 닦습니다. 거기에는 유명한 사람들의 이름이 걸려 있지요. 청소부는 어느 날 가로등 밑을 지나가는 모녀가 가로등에 걸려 있는 이름표를 보며 나누는 대화를 듣게 됩니다. 그러고는 자신이 닦고 있는 대상에 대해 아무 것도 알지 못하고, 알려는 시도조차 않았던 자신을 발견합니다. 청소부는 부끄러운 마음에 도서관으로 달려갔습니다. 그곳에서 가로등에 쓰여 있는 이름을 발견하고 열심히 읽고 이해하려고 노력했습니다. 덕분에 이름표가 걸려 있는 유명인들에 대해 전문가 수준의 지식을 갖추게 됐습니다. 그는 이런 사실이 알려져 여기저기서 강연 요청이 들어와도 가지 않습니다. 그저 묵묵히 자신의 자리를 지켰습니다. 그리고 그 속에서 행복을 찾았습니다. 그러자 수많은 사람들이 가로등을 닦으며 유명인들의 얘기를 들려주는 청소부를 보기 위해 몰려들었습니다. 청소부 또한 그들에게 이야기를 들려주며 기뻐했습니다. '어떤 일'을 하느냐가 중요한 게 아니라 '어떻게' 하느냐가 중요한지를 잘 보여주는 예라 할 수 있습니다.

자신이 일을 하는 데 있어 잊지 말아야 할 것이 있습니다. 그것은 아름다운 세상을 만드는데 일조를 해야 한다는 것입니다. '어떻게' 하느냐에 따라 '어떤' 사람이 될 지가 결정되기 때문입니다.

5

좋아하는 것을
찾아
잘 하도록 해요

'장진우 거리'의 장진우, '범스'(누구도 못 베끼는 집밥 식당)의 조준범·재준형제. 이들의 공통점은 자신이 하고 싶은 대로 산다는 것입니다. 전공과 관계없이 식당을 한다는 것도 공통점이고요

장진우는 먹고 마시고 즐기는 것에 관해 500개의 아이디어가 있다고 합니다. 25세 때 머문 적이 있던 네덜란드 암스테르담에서 본 골목의 깊은 인상을 '장진우 거리'에서 8개의 음식점으로 재현해 낸 사람입니다. 15살에는 사격선수를, 20세에는 대학에서 피리를 전공하고 부전공으로 사진을 공부했습니다. 21세에는 크로스오버 재즈 그룹을 결성하고 무용과 친구들의 사진을 찍었습니다. 이를 계기로 25세까지 무용전문사진가로 활동하다 보증금 500에 월세 35만 원의 공간을 얻어 자신의 사무실로 쓰며 놀러 온 사람들에게 음식을

해 주었습니다. 그러다가 음식점을 하게 되었고, 마음에 맞는 사람들과 같이 골목길에 8개의 음식점을 더 내었습니다.

'범스'의 조준범 · 재준 형제는 미국에서 산업디자인과 국제관계학을 전공하고 한국으로 돌아와 평범한 직장인으로 살았습니다. 그러다가 유학시절 그리웠던 집밥을 재현해 보면 어떨까 하는 생각에 '집밥 식당'을 열었습니다. 형제가 생각한 식당의 콘셉트는 사람들이 믿고 먹을 만한, 엄마가 해 준 듯한 음식점이었습니다. 한식의 깊은 맛에 엄마의 창의적인 손맛이 어우러진 음식이 범스의 메뉴입니다. 이곳에서는 외할머니의 간장게장을 메인메뉴로 해서 계란부추범벅, 배추탕, 카레 순두부찌개 같은 독특한 음식들을 내놓고 있습니다. 여기에 만족하지 않고 새로운 메뉴를 개발하는 데 끊임없는 노력을 기울이고 있다고 합니다.

좋아하는 것을 열심히 하다보면 잘 할 수 있게 됩니다. 좋아하는 일은 쉽게 질리지 않기 때문에 지속적으로 반복적으로 할 수 있습니다. 반면에 잘하는 것이라도 흥미가 없으면 오래 하지 못하는 경우가 많습니다. 주변에서 볼 때는 아무 문제가 없어 보이는데 정작 본인은 힘들어 하는 경우가 바로 이 경우입니다. 이럴 때는 직업을 바꾸어 진로를 바꾸는 게 좋습니다. 잘하는 것보다는 좋아하는 것을 하면 더 잘 하게 됩니다.

어떤 친구들은 누군가가 자신을 잘 관찰해서 '너는 무엇을 잘하니 그것을 하라'고 결정해 주면 좋겠다는 말을 합니다. 그러나 자신이 좋아하는 일은 자신만이 알 수 있습니다. 누군가가 결정해 주는 것은 진정으로 자신이 좋아하는 것이라 말 할 수 없습니다.

《기억전달자》에는 태어날 때부터 그 무엇도 자신이 선택할 수 없는 사회가 나옵니다. 이곳에서는 모든 일이 시스템에 의해 결정됩니다. 조금이라도 위험한 일이 벌어지는 것을 막아서 안전한 사회를 유지하기 위함입니다. 그래서 아이들은 태어나고, 길러지고, 일을 하고, 은퇴하고, 사회로부터 영원히 격리되는 임무해제에 이르기까지 시스템에 따라 살아갑니다. 이곳에서는 아이들이 12세가 되면 공개 육아를 통해 아이들의 특성을 알게 된 위원들이 가장 잘 맞는 역할을 결정해 줍니다. 그 이전까지는 모두 다 똑같이 입고, 먹고, 가족들과 대화를 나눕니다. 만약 아이가 조금이라도 잘못을 저지르면 방송을 통해 모든 공동체 구성원에게 알려집니다. 이 사회는 한 마디로 개인의 의지와 취향이 완전히 제거된 디스토피아(dystopia, 역(逆)유토피아)라고 할 수 있습니다.

3 PART

다중지능과
진로독서

우리 친구들은 언제 행복을 느끼나요?
아마도 각자 다를 것입니다. 어떤 친구는
다른 사람 앞에서 자기의 뜻을 관철시킬
때 행복을 느낍니다. 다른 사람을 도울
때 진정한 행복을 느낀다는 친구도 있을
겁니다. 자신의 마음을 잘 담아낸 그림이
나 조각을 볼 때 행복한 친구도 있고, 자
기가 가고 싶은 곳을 마음껏 갈 때 행복
을 느끼는 친구도 있습니다. 우리의 생김
새가 다르듯이 마음도 다르기 때문에 행
복을 느끼는 방식은 각자가 다르다고 할
수 있습니다.

행복하게 살기 위해서는 어떻게 해야 할까요? 본인이 가장 좋아
하고, 잘 하는 일을 하면서 경제적인 문제도 해결하면 됩니다. 과거
에는 먹고 살기 위해서 일을 했다면 지금은 자아실현을 위해 일을
합니다. 어떤 사람들은 배부른 소리라 하겠지만 궁극적인 목표가 먹
는 것일 수는 없습니다.

　우리 친구들은 언제 행복을 느끼나요? 아마도 각자 다를 것입니
다. 어떤 친구는 다른 사람 앞에서 자기의 뜻을 관철시킬 때 행복을
느낍니다. 다른 사람을 도울 때 진정한 행복을 느낀다는 친구도 있
을 겁니다. 자신의 마음을 잘 담아낸 그림이나 조각을 볼 때 행복한
친구도 있고, 자기가 가고 싶은 곳을 마음껏 갈 때 행복을 느끼는 친
구도 있습니다. 우리의 생김새가 다르듯이 마음도 다르기 때문에 행

복을 느끼는 방식은 각자가 다르다고 할 수 있습니다.

많은 사람들이 처음의 직업과 다른 길을 선택해 제2, 제3의 길로 나아갑니다. 직업을 바꿀 때에는 대체적으로 자신이 좋아하는 분야로 나갑니다. 사회적으로 성공한 사람들의 경우, 정말로 자신이 좋아하고 잘 할 수 있는 분야로 직업을 바꾼 경우가 많습니다. 그래서 자신의 본 모습을 찾는 것이 중요합니다.

강점지능은 하나만 있는 것이 아닙니다. 어떤 친구들은 여러 개의 강점지능을 가지고 있기도 합니다. 제1 강점지능 이외에 제2, 제3의 강점지능이 조합을 이루면 자신의 역할을 더 잘 수행해 낼 수 있습니다.

김연아 선수의 경우는 신체운동지능이 제1의 강점지능이지만, 음악지능 또한 높을 것입니다. 음악과 연기가 잘 맞아떨어지기 때문입니다.

박지성 선수도 신체운동지능이 제1의 강점지능이지만, 자기성찰지능도 높을 것입니다. 자기성찰지능은 박지성 선수가 자신만의 축구기술을 계발하고 끊임없는 노력을 하게 해서 평발의 단점을 극복하고 국제적인 선수가 될 수 있게 만들어 주었습니다. TV프로그램에서 박지성 선수의 초등시절 일기장을 보여준 적이 있습니다. 그것을 보니 '어떻게 하면 축구를 더 잘 할 수 있을까?' 하는 자신만의 방법을 연구한 흔적이 역력했습니다. 이것이 바로 자기성찰지능입니다. 외국에서도 선수 생활을 성공적으로 잘 한 것을 보면 언어지능도 높을 것으로 예측할 수 있습니다.

　　두 선수의 경우는 자신들의 강점지능을 잘 조합해 내어 각 분야의 최고의 자리에 오른 것이라 할 수 있습니다.

1

사람간의 소통을
원활하게 해 주는
언어지능

여러분은 말 잘한다는 소리를 들어본 적 있나요? 아니면 글을 잘 쓴다는 이야기는요? 말 잘하고 글 잘 쓰는 친구들은 당연하겠지만 언어지능이 높은 편입니다. 그림보다 글이 먼저 눈에 들어온다면 언어지능이 높다고 할 수 있습니다. 책을 읽는 것이 좋은 사람도 언어지능이 높고요.

언어지능이 높은 사람은 말을 조리 있게 잘하고 글을 쓰는 재주가 남다릅니다. 언어구사력이 탁월하여 외국어를 배우는데도 유리하므로 외국어를 일찍 배우는 것도 좋습니다. 그런데 외국어는 자신의 생각을 표현할 수 있게 될 때까지 오랜 시간이 필요합니다. 그러므로 외국어 환경에 꾸준히 노출돼야 언어능력이 빛을 보게 될 것입니다.

언어능력이 높은 사람은 의사소통 능력이 좋아 상대방을 잘 설득할 수 있습니다. 이럴 경우 결과를 자신이 원하고자 하는 방향으로 이끌어 낼 수 있어 성공할 확률이 높습니다.

언어능력이 높은 사람은 어려서부터 언어구사력이 뛰어나 자신의 의견이나 감정을 정확하게 전달하고 책을 정확한 발음으로 잘 읽습니다. 학교에서 하는 각종 행사에서는 글쓰기 영역을 선택해 상을 받는 경우도 많습니다. 독해력이 좋아 공부에서 두각을 나타내기도 합니다. 다른 사람과의 토론도 잘 합니다. 감정을 내세우기 보다는 다른 사람의 의견을 잘 듣고 거기에 맞는 반론을 잘 해 내기 때문입니다. 설득력이 좋아 다른 사람을 자신의 의견에 동조하게 만들 수도 있습니다. 때로는 대화가 논쟁으로 발전하기도 하는데 친구들 사이에서 생기는 문제에 대해서 그냥 넘어가지 못하기 때문입니다. 발표를 짜임새 있게 잘 하기도 합니다. 요즘은 학교에서 발표 수업이 많은데 전달력이 좋기 때문에 다른 친구들이 내용을 쉽게 이해합니다. 이야기 창조 능력이 좋아서 이야기 만들기에서 두각을 나타내기도 합니다. 새로운 이야기를 만들거나, 뒷이야기 이어쓰거나, 이야기 고쳐 쓰기 활동에서 창의적이거나 그럴 듯한 결과물을 보여 줍니다.

언어지능이 높으면
무슨 일을 하면 좋을까요?

언어능력은 무슨 일을 하든지 꼭 필요한 능력입니다. 자신의 의사를 분명히 전달하고 다른 사람을 설득할 수 있는 능력은 사회생활의 기본이라 할 수 있기 때문입니다. 그래서 언어능력이 좋은 사람들은 어떤 일을 하기 위한 기본능력을 갖추고 있다고 봐도 됩니다.

언어능력 자체를 활용한 진로로는 문예창작과 관련된 일이 있습니다. 구체적으로는 동화작가, 소설가, 시인, 드라마작가, 문화마케터, 집필가 등의 진로가 있습니다. 그런데 언어능력이 뛰어나다고 해서 무조건 이런 진로를 생각해서는 안 됩니다. 글쓰고, 창작하는 것을 좋아하는 사람들에게 어울리는 진로입니다.

《마당을 나온 암탉》과 《나쁜 어린이표》의 황선미 작가는 초등학교 6학년 때부터 동화를 꾸준히 써 왔다고 합니다. 어려서부터 글쓰기를 즐긴 덕분에 100만부를 돌파한 책을 두 권이나 발표한 동화작가가 된 것입니다.

언어능력은 법조계에서도 발휘될 수 있습니다. 법조계의 진로로는 변호사, 검사, 판사가 있습니다. 이 중에서 특히, 변호사는 법정에서 피고인이나 원고의 입장을 대변해 의뢰인에게 유리하게 변론을 해 주는 직업입니다. 따라서 논리적으로 말 하는 능력과, 상대방의 말을 논리적으로 반박하는 능력이 요구됩니다. 검사의 경우도 언어능력을 무시할 수 없습니다. 검사는 피고인의 죄를 파악해서 입증을 해야 합니다. 그러기 위해서는 논리적인 설명으로 다른 사람의 동의를 이끌어내야 합니다. 판사의 경우도 언어능력이 중요합니다. 잘 쓴 판결문은 다른 사람의 심금을 울리기도 합니다. 양삼승 고문변호사는 판결문을 잘 쓰기로 유명합니다. 그는 "사법부의 생각을 국민에게 확실히 알리는 가장 중요한 방법은 수필과 같은 판결문을 쓰는 것"이라고 말했습니다. 그리고 "가슴으로 쓰는 촉촉한 판결문은 국민의 오해를 불식시킬 최선의 소통수단"이라며 글 쓰는 능력을 강조했습니다.

언어능력은 경영 분야에서도 힘을 발휘합니다. 경영 분야에는 협상가, CEO, 컨설팅전문가, 마케팅전문가, 영업홍보, 헤드헌터 등의 진로가 있습니다. 이런 일들은 모두 자신의 의견을 다른 사람들이 동조하도록 만드는 게 중요합니다. 그러므로 언어 능력이 반드시 필요합니다.

방송 관련한 일 중 MC, 아나운서, 앵커, 연기자, 쇼핑호스트 등의 진로 역시 뛰어난 언어능력을 필요로 합니다. 오프라 윈프리가 세계에 영향을 미치는 인물 중 1위에 오를 수 있었던 것은 자신의 이름을 내건 쇼에서 탁월한 진행 능력을 보여주었기 때문입니다. 언어능력이 없었다면 꿈도 못 꿨을 일입니다. 강호동 씨가 씨름 선수보다 연예인으로 더욱 명성을 쌓은 것도 오락 프로그램의 MC로서 진행을 잘 했기 때문입니다. 유재석 씨가 유느님이라 불리는 것도 오락프로의 MC로서 출연자들을 배려하는 진행 솜씨 덕분입니다. 요즘은 홈쇼핑이 활성화되어 있는데, 소비자에게 물건을 소개하고 시연해 보이는 쇼핑호스트 역시 말을 잘 해야 하는 직업 중의 하나입니다.

언어능력이 뛰어날 경우 대인전문직 서비스업의 진로도 생각해 볼 만합니다. 대인전문직 서비스 직업으로는 지배인, 비서, 전문상담사, 승무원, 안내원, 바텐더, 웨딩플래너, 커플매니저, 텔레마케터 등이 있습니다. 대인전문직 서비스업은 사람들과 직접 대면해야 하는 일이기 때문에 친절함과 언어능력을 가지고 있어야 합니다.

투자 및 분석전문 관련된 진로도 언어능력이 필요합니다. 펀드매니저, 증권 중개인, 투자분석가, 보험계리사, 리서치기관종사자, 자산관리사, 애널리스트 등이 투자 및 분석전문 관련 직업이라 할 수 있습니다. 이들은 대부분 증권사, 경제연구소, 컨설팅 회사 등에서 일을 하게 됩니다. 이들의 업무는 고객과의 소통이 중요하기 때문에 언어능력이 있어야 합니다.

출판과 관련된 진로도 생각해 볼 수 있습니다. 번역가, 편집자 등의 직업이 있는데, 말을 하는 것보다는 글을 읽거나 쓰는 언어 능력이 더욱 필요한 일이라 할 수 있습니다.

언론과 관련한 진로로는 기자, 리포터, 특파원 등이 있습니다. 이러한 일들은 취재원을 만나 취재하고, 그것을 바탕으로 기사를 쓰고, 방송에서 말을 하기도 해야 하기 때문에 입체적인 언어능력이 필요합니다. 더불어 정의감과 진실성을 갖추고 있어야 합니다.

공무원과 관련해서도 외교관, 국제공무원, 국회의원 등은 언어 능력이 필요한 진로입니다. 외교관이나 국제공무원은 다른 나라와 관련한 일들을 해야 하기 때문에 외국어를 습득하고 표현해 내는 능력이 좋아야 합니다. 국회의원은 국민들을 대변하는 사람입니다. 따라서 국민과의 소통이 중요하므로 언어능력이 있어야 합니다. 말만 잘한다는 부정적 인상을 줄 수도 있으므로 말에 대한 책임을 다해야 합니다.

의료와 관련해서는 의사, 간호사, 약사, 병원코디네이터 등의 진로를 선택할 때 언어능력이 필요합니다. 의사나 간호사는 환자를 직접 대면해 그들의 상태를 진단하고 처방해야 하므로 환자와의 의사소통이 매우 중요합니다. 올바로 듣고, 정확히 이해해야 오진을 줄일 수 있기 때문입니다. 그리고 아픈 사람들의 마음을 읽고 소통해야 유능한 의사나 간호사가 될 수 있습니다. 병원코디네이터는 의사나 간호사보다 먼저 환자를 만나 어떤 진료를 받아야 하는지 안내를 해 주는 일을 하기 때문에 이 역시 언어능력이 필요합니다.

종교와 관련한 진로로는 성직자가 있습니다. 성직자는 혼자 수행하는 종교도 있지만 다른 사람들을 종교의 세계로 이끌어야 하고 신자들의 상담자 역할도 해야 하므로 정확한 전달과 공감, 설득력이 발휘되는 언어능력이 있어야 합니다.

교육과 관련한 진로로는 교사, 강사, 교수가 있습니다. 정확한 지식을 가르쳐 주고 학생들과 소통하기 위해서는 그 무엇보다 언어능력이 필요합니다. 자신이 알고 있는 것과 그것을 정확히 전달하는 것은 다른 문제이기 때문입니다.

회계와 관련해서는 회계사, 세무사 등이 있습니다. 회계사나 세무사는 고객을 관리해야 하므로 고객의 원하는 바를 잘 알아들을 수 있어야 합니다.

미술이나 음악과 관련해서는 도슨트, 미술비평가, 작사가, 음악비평가가 가능합니다. 그림이나 음악에 대한 높은 이해를 바탕으로 사람들에게 설명을 잘 해서 그림이나 음악의 세계로 이끌어 주어야 하기 때문에 전달력이 있어야 합니다. 특히 작사가는 좋은 가사로 많은 공감을 이끌어 사람들을 음악의 세계로 끌어들일 수 있습니다. 노래는 음이 중요하기도 하지만 가사가 좋으면 훨씬 많은 공감을 불러올 수 있습니다. 비평가는 각 분야에 대한 전문성이 있어야 하고 글로도 표현하는 일이 많기 때문에 글쓰는 능력이 더욱 필요합니다.

기획전문가와 관련해서는 광고 및 홍보전문가, 큐레이터 등이 가능합니다. 광고나 홍보는 대중에게 알려서 많이 이용하게 한다는 특정한 목적이 있는 일들입니다. 그러므로 글이나 사진, 말로써 사람들의 마음 속 깊이 파고들어 욕구를 끌어내야 합니다.

언어지능을 높이기 위해서는 어떻게 해야 할까요?

1) 많이 읽는 것이 좋아요

언어능력을 높이려면 어려서부터 책을 많이 읽는 것이 좋습니다. 스스로 좋아서 읽는 것이 가장 이상적입니다. 그러나 책 읽기를 싫어한다고 해서 책을 안 읽을 수는 없습니다. 책 읽는 것은 습관과 같아서 한 번 길을 들여놓으면 쉽게 변하지 않습니다.

책을 많이 읽으면 읽기 능력이 좋아지고 배경지식이 많아져 이해가 빨라집니다. 이것은 학습에도 많은 도움이 됩니다. 우리가 학교를 다니는 한은 많은 교과서를 읽어야 합니다. 따라서 읽기 능력이 좋아지면 학교생활이 좀 더 쉬워질 것입니다.

2) 소리 내서 읽어 보세요

책을 읽을 때 소리를 내서 읽는 것도 도움이 됩니다. 사극을 보면 선비들이 소리를 내서 책을 읽는 장면을 종종 볼 수 있습니다. 이처럼 소리를 내서 책을 읽은 것은 오래전부터 효과적으로 여겨온 방법입니다. 끊어 읽기만 정확하게 해도 문장을 이해하는데 큰 도움이 됩니다.

책을 소리 내서 읽으면 자기 소리를 자기 스스로 들을 수 있어 기억에 도움이 됩니다. 스마트폰을 이용하여 자신이 읽는 소리를 녹

음해 보면 발음이 정확한지도 알 수 있습니다. 기기를 통해 자신의 소리를 듣는 것은 자신의 목소리를 객관적으로 들어 볼 수 있는 좋은 기회입니다.

3) 게임도 좋아요

아주 간단한 게임인 끝말잇기도 어휘력 향상에 많은 도움이 됩니다. 어휘를 많이 알면 말을 하거나 글을 쓸 때 더 풍부한 표현을 할 수 있습니다. 어휘력도 키우고 친구들과 즐거운 시간을 보낼 수 있으니 일석이조라 할 수 있지요.

'1분 스피치' 같이 정해진 시간 안에 짜임새 있게 말하는 훈련도 도움이 됩니다. 정해진 시간 안에 전달을 하려면 이야기의 핵심만을 말해야 하기 때문에 짜임새 있는 말하기 훈련이 될 수 있습니다. 이 훈련은 정확한 의사전달을 하는데 많은 도움이 됩니다.

4) 일기나 독서록을 써 보세요

일기쓰기나 독서록 쓰기는 언어능력 중에서도 쓰기 능력을 높여 줍니다. 일기를 쓸 때 좀 더 세밀하게 표현하는 것도 좋은 방법입니다. 세밀하게 쓰려면 어떻게 해야 할까요? 하나의 글감을 잡아 자세하게 써 나가는 것이 좋습니다. 《어진이의 서울대 간신히 들어가기》의 김어진 저자는 자신의 글쓰기 실력은 초등학교 5학년 때 일기쓰기로 다 잡았다고 합니다. 한 가지 글감으로 정해진 양을 채우려니 자세하게 쓸 수밖에 없고, 자세히 쓰려니 자세히 보게 되고, 주고받은 말까지 기억을 하게 되더라고 했습니다. 날마다 무슨 글이든 자세하게 쓰다보면 쓰기 능력이 자랄 수밖에 없겠지요.

만 권의 책을 읽으면 신들린 듯 저절로 글이 써 진다는 성현의 말이 있습니다. 그러나 현실적으로 만 권의 책을 읽기는 어렵습니다. 그렇지만 책을 읽고, 쓰는 활동을 함께 하면 글 쓰는 능력이 커지는 것은 분명합니다. 책을 읽을 때마다 독서 감상문 형식에 맞춰 일정한 양을 쓰기가 버겁다면 책 속의 중요한 부분에 줄을 쳐 놓고 그 부분만 옮겨 적어보는 것도 좋습니다.

어떤 친구들은 펜으로 종이에 쓰는 것을 싫어해 글을 쓰기 싫어하기도 합니다. 글은 꼭 종이에 써야 하는 것은 아니므로 컴퓨터를 이용하는 것도 좋은 방법입니다.

글을 못 쓰는 친구들은 없습니다. 그러므로 잘 쓴다, 못 쓴다고 평가할 필요도 없습니다. 다만 글을 쓰는 능력은 자신을 돋보이게 할 수 있습니다. 그리고 말로 다 하지 못한 것을 글로 표현할 수 있게 되니 능력을 하나 더 갖게 된다고 할 수 있습니다.

5) 친구들과 토론해요

토론하기도 언어능력을 키워줍니다. 토론은 자기의 의견과 다른 사람의 의견을 조율해 나가는 행위입니다. 그러므로 자기의 뜻을 관철시키기 위해 소리를 지르거나 자기의 뜻만을 주장하는 것은 올바른 토론이 아닙니다. 토론은 먼저 다른 사람의 의견을 들어보고, 그 의견의 어떤 부분이 자신의 생각과 맞는지, 아닌지를 생각해보고 이를 논리적으로 표현하는 것입니다.

그런데 토론은 무조건 이겨야 한다는 생각을 갖고 있는 친구도 있습니다. 이럴 경우 자신의 의견만을 내세우려 해서 결국은 큰 소리를 내고 싸움으로 번지기도 합니다. 토론은 사람을 부드럽게 만든다고 합니다. 그런 경지에 오르려면 우선은 잘 듣는 연습을 할 필요가 있습니다.

언어지능을 높이는 데
도움이 되는 책

1) 어휘를 길러주는 책

《십대를 위한 어휘 콘서트》는 중학교 1·2·3학년 교과서의 어휘와 개념어를 모두 담고 있습니다. 정치, 경제, 사회문화, 법, 성질, 세계사, 한국사, 철학 등 8개 분야로 새롭게 나누어 통합교과적인 학습을 할 수 있게 했습니다. 그리고 관계 속에서 개념어의 뜻을 알려주어 개념어들이 서로 어떤 관계를 맺고 있는지 보여줍니다. 또한, 개념어를 반복적으로 등장시켜 기억하는데 도움이 되도록 해 놓았습니다.

언어 능력을 키우려면 어휘를 많이 알아야합니다. 그런데 영어 단어는 하루에 백 개씩 외우면서 우리 말 어휘는 전혀 공부하지 않는 친구들이 많습니다. 아주 쉬운 단어도 알지 못하는 경우도 많이 있습니다. 이렇게 되면 책을 이해하기 어려워집니다. 어휘는 구슬과 같습니다. 구슬이 서 말이라도 꿰어야 보배라는 말이 있습니다. 그런데 구슬을 꿰려면 먼저 구슬을 마련해야 합니다. 어휘력을 키우는 것은 구슬을 마련하는 것과 같습니다.

2) 기록의 중요성을 알려주는 책

자신의 기록이 역사의 한 장을 장식한 경우가 있습니다. 바로《안네의 일기》입니다. 안네는 나치의 유대인 박해를 피해 숨어 살면서 자신의 삶을 일기로 남겼습니다. 그 일기는 한 소녀의 성장의 기록이자 유대인의 역사를 증명하는 글이 됐습니다.

우리나라에도 이순신 장군의《난중일기》가 있습니다. 이순신 장군은 임진왜란의 급박한 상황 속에서도 하루하루의 기록을 남겼습니다. 덕분에 우리는 이순신 장군의 인물됨뿐만 아니라 400여 년 전의 일들을 소상히 알 수 있게 되었습니다. 그리고《난중일기》를 바탕으로 다른 문학작품인《칼의 노래》도 탄생할 수 있었습니다.

글은 희망이 되기도 합니다.《물에 쓴 글씨》의 노엘은 도서관에서 마주친 한 남자가 건네준 책에 담긴 시에서 현실을 이겨낼 힘을 얻게 됩니다. 어느 날 작문 선생님은 시험지를 채점하다가 노엘의

시를 읽고 가능성을 발견합니다. 노엘은 작문 선생님의 도움을 받아 장학생 선발 시험에 시를 제출합니다. 이처럼 한 편의 시가 때로는 삶의 희망이 될 수도 있습니다. 좋은 글은 세상도 바꾸고 자신의 인생도 바꿀 기회를 줍니다.

3) 우리말과 글의 궁금증을 해결해 주는 책

우리말은 어떻게 만들어졌을까요? 우리말에 대한 이해를 높여주는 책 중에 《세종대왕이 숨겨둔 비밀문자 훈민정음 구출작전》이 있습니다. 훈민정음이 만들어지지 않았다는 설정 아래, 시간터널을 이용해 조선시대로 가 세종대왕을 도와 한글을 완성한다는 것이 글의 줄거리입니다. 한글의 탄생 배경과, 생성원리를 재미있게 알려주고 있습니다. 추리 형식으로 되어있어 흥미진진한 글자여행을 할 수 있습니다. 이 책을 통해 세계에서 가장 뛰어난 문자로 평가받고 있는 한글, 자음 열네 개와 모음 열 개만 알면 누구든지 쉽게 익힐 수 있는 한글의 우수성을 잘 알 수 있습니다.

소중한 우리말을 잘 알고 가꾸어 가기 위해서는 《너 정말 우리말 아니?》도 보아야 합니다. 우리말의 특징과 그 속에 담긴 우리의 문화, 조상들의 지혜를 엿볼 수 있습니다. 우리말 어원에 대한 이어령 선생님만의 특별한 해석과 교과서에 담긴 문법 이야기를 쉽고 재미있는 이야기로 만날 수 있습니다. 다른 언어와의 비교를 통해 각 나라의 독특한 정서를 알 수 있다는 것도 장점입니다.

단어가 어떻게 만들어지는지를 알아 볼 수 있게 해 주는 책도 있습니다. 《프린들 주세요》라는 책은 주인공 닉이 '프린들'이라는 단어를 사전에 정식으로 등록하는 과정을 그리고 있습니다. 우리는 이를 통해 단어가 생겨나는 과정을 알 수 있습니다.

4) 글을 잘 쓸 수 있도록 도와주는 책

《나도 작가! 자신만만 글쓰기 왕》은 직접 책을 만들 수 있도록 도와주는 책입니다. '주인공 만들기', '내가 백만장자다!', '초능력 슈퍼영웅' 등의 다양한 소재를 제시하여 직접 글을 쓸 수 있도록 하고 있습니다. 글쓰기 비법도 소개하여 이야기를 쓰고 싶어 하는 친구들에게 글 쓰는 재미를 선사합니다. 간단한 소설쓰기나 만화그리기, 주어진 그림을 활용한 이야기 만들기 등의 활동을 하다보면 글쓰기 실력이 쑥쑥 늘어날 것입니다.

《일곱 명의 괴짜 기자들》은 학급신문에 대한 책입니다. 이야기는 주인공 알레한트로가 학급 신문을 만들기 위해 신문기자를 모집하는 데서 시작합니다. 알레한트로는 자신과 비슷한 환경에서 자란 공부 잘 하는 친구들이 지원하기를 기대합니다. 그러나 기자에 지원한 친구들은 학급에서 왕따를 당하는 아이들이었습니다. 알레한트로는 실망하는 대신 친구들과 학급 신문을 만들어갑니다. 우리는 이야기를 통해 도전정신과 용기를 배울 수 있습니다. 여러분들도 글쓰기 능력을 갖추었다면 학급신문 만들기에 도전해 보는 것은 어떨까요?

《세상에 진실을 알린 두려움 없는 언론인》에는 두려움을 극복하고 용기 있는 행동으로 세상에 진실을 알린 여성 언론인 열 명을 소개하고 있습니다. 책에서는 이들의 평범하지 않은 어린 시절부터 모두에게 인정받는 언론인이 되기까지의 과정을 담고 있습니다. 그리고 포토저널리즘, 방송 프로그램, 리포터와 앵커가 하는 일 등 저널리즘과 방송에 관한 다양한 정보를 제공하고 있습니다. 더불어 책을 읽는데 도움이 될 추가 정보까지 들어 있습니다.

이 책에서는 사실을 밝혀내 있는 그대로 대중에게 전달하는 일이 때로는 위험한 일일 수 있음을 알려주고 있습니다. 그리고 이러한 상황을 이겨내야만 진정한 언론인이 될 수 있다는 것도 알려줍니다.

2 생활을 활력 있게 해 주는 음악지능

우리나라 사람들은 흥이 많다고 합니다. 흥이 많아서 그런지 노래도 잘합니다. 방송사마다 음악을 소재로 한 프로그램도 많습니다. 전국노래자랑 같은 경우는 전 국민이 즐겨보는 장수 프로그램입니다. 지역 축제에서도 노래 경연은 빠지지 않습니다. 이런 모습을 보면 우리 민족이 얼마나 노래를 좋아하고 음악을 사랑하는지 알 수 있습니다.

예전에 마을에서 농악놀이를 하면 온 동네 사람들이 다 함께 참여해 악기를 연주했습니다. 악기를 맡지 않은 사람들은 농악대의 뒤를 따르며 춤추고 노래했습니다. 밭에서, 논에서, 일을 할 때 다함께 노래를 부르며 힘든 일을 잊고 하나가 되어 공동체 의식을 쌓았습니다. 이처럼 우리민족은 음악과 떼려야 뗄 수 없는 민족입니다.

요즘에는 많은 학생들이 시험이 끝나면 노래방으로 달려갑니다. 가족 단위로 노래방을 가는 경우도 많고, 회사 회식의 2차는 노래방이 필수코스가 된 듯합니다.

음악지능이 좋은 친구들은 영화를 봐도 영화의 내용보다는 영화음악을 더 잘 기억합니다. 때때로 영화음악을 그대로 재현해 보기도 합니다. 한 번 밖에 안 들은 노래도 잘 따라 부를 수 있습니다. 클래식 수준도 높아 곡 해석 능력도 좋습니다.

음악지능이 높은 친구들은 똑 같은 시간에 똑 같은 노래를 듣고 배워도 다른 모습을 보여줍니다. 소위 절대음감을 지녔다는 아이들은 다른 사람이 부르는 노래에 곧잘 화음을 넣어주기도 합니다.

악기를 배울 때도 금방 익히고 다양한 악기에 관심을 보이기도 합니다. 어떤 모임에서건 기타 하나로 분위기를 압도하고, 음악으로 사람들을 하나로 뭉치게 만들기도 합니다. 이런 사람들이 바로 음악지능이 높은 사람들입니다.

음악지능이 높은 사람은 소리에도 민감해서 다른 사람이 듣지 못하는 소리를 듣기도 합니다. 다른 방에서 텔레비전을 몰래 틀어 놓아도 귀신 같이 알아차립니다. 사람의 목소리와 소음, 동물 울음에도 예민합니다.

음악지능은 다른 지능보다 빨리 나타나기 때문에 어려서부터 파악이 가능합니다. 음악지능이 좋을 경우, 학습할 때 음률을 붙여서 암기하면 도움이 됩니다. 공부 때문에 스트레스를 받을 때는 음악을 들으면서 해소할 수 있습니다.

음악지능이 높으면
무슨 일을 하면 좋을까요

음악지능이 높은 사람이 선택할 수 있는 가장 대표적인 진로로는 악기 연주가가 있습니다. 어려서 피아노를 배우는 사람들은 많지만, 어른이 돼서도 피아노 연주가로 남는 사람은 극히 일부분입니다. 그만큼 연주가의 길을 가는 것이 쉽지 않다는 반증입니다.

악기 연주를 잘 하려면 음악지능뿐만 아니라 신체운동지능도 길러야 합니다. 악기를 연주하는 일은 체력적으로 힘든 일이기 때문입니다. 그리고 피아노, 바이올린 같은 서양 악기를 고집할 필요는 없습니다. 국악에 관심이 많다면 가야금, 대금 같은 국악기 연주가가 되어도 좋습니다.

우리 소리에 관심이 많다면 판소리나 민요를 부르는 소리꾼이 될 수도 있습니다. 요즘은 세계적으로 각 나라의 고유한 문화를 인정하고 다양성을 인정하는 분위기입니다. 그래서 국악이 세계로 진출하는 것도 자연스러운 일이 됐습니다. 여러분들도 국악소녀 송소희 같은 사람이 되지 말라는 법은 없습니다.

음악지능과 더불어 언어지능도 높으면 작사가도 좋습니다. 해마다 수많은 신곡이 나오고 있으니, 그만큼 작사가도 필요할 것입니다.

리더십이 있다면 지휘자가 될 수도 있습니다. 똑같은 곡이라도 지휘자의 역량에 따라 다른 색깔을 보입니다. 노래로 감정을 잘 표현한다면 가수가 될 수도 있습니다. 요즘은 케이 팝 열풍 덕분에 국내뿐만 아니라 국외로 활동 무대를 넓힐 수 있습니다.

대중에게 사랑받는 음악을 하고 싶다면 대중음악을, 현대적인 기기를 사용하기 좋아한다면 디지털 음악을 만드는 일을 진로로 잡을 수도 있습니다.

기획하고 판매하는데 관심이 있다면 음반디자이너를, 음악과 모험, 그리고 기획을 좋아한다면 음악공연 연출을 할 수도 있습니다. 자라섬 국제 재즈 페스티벌을 이끈 인재진 감독이 그 좋은 예라 할 수 있습니다. 인재진 감독은 자라섬을 유명재즈아티스들이 앞 다퉈 무대에 서려하고, 매년 20만 명의 관객이 몰려들도록 만들었습니다. 이렇게 만들기까지 많은 어려움이 있었지만, 그의 모험정신은 꺾이지 않았습니다.

영상에 음악을 덧입히고 싶다면 영상 음악가를, 기존의 음악에 나만의 해석을 덧붙여 보고 싶다면 편곡가를, 가수를 길러 내 보고 싶다면 보이스 트레이너가 될 수도 있습니다.

음악적 소질을 이용해 많은 사람들과 어울리며 즐겁게 해 주고 싶다면 레크리에이션 지도자로 진로를 잡을 수도 있습니다.

음악 교육 관련 직업으로는 음악교사나, 음악심리치료사 등이 있습니다. 음악심리치료는 음악을 이용해 장애나 질환을 갖고 있는 사람들의 증상이나 기능 저하를 완화시키는 일을 합니다. 이 직업을 갖기 위해서는 심리학도 함께 공부해야 합니다.

악기와 관련한 진로로는 악기를 만드는 악기제작사, 음을 조율하는 조율사, 영화나 드라마 속 수 많은 소리들이 영상에 어울릴 수 있도록 음향장비를 조작하는 음향기사 등이 있습니다. 음향이 없는 영화나 드라마는 상상이 잘 안 되지요? 영상에 어울리는 음향이 분위기를 더욱 살릴 수 있습니다.

무용과 관련한 진로로는 뮤지컬 배우, 무용가가 있습니다. 우리나라는 뮤지컬 강대국이라 할 수 있습니다. 우리나라가 만든 뮤지컬을 전 세계에서 공연하기도 하고 다른 나라의 뮤지컬들이 우리나라에 들어와 흥행하기도 합니다.

운동과 관련해서는 피겨스케이팅, 싱크로나이즈 등이 있습니다. 김연아의 피겨스케이팅을 더욱 돋보이게 하는 것은 연기하는 내내 들리는 아름다운 선율입니다.

악기는 연주하지 못하지만 듣는 귀가 훌륭하다면 음악평론가도 좋습니다. 사람들이 음악에 쉽게 접근해 음악을 즐길 수 있도록 도와주는 음악해설자, 음악전문 잡지 편집자 등도 있습니다.

미디어 콘텐츠와 관련해서는 광고음악, 벨소리작곡가, 공연영상학, 영상연출학, 영상음악, 디지털 음악, 음악프로그램PD, 특수음

향효과, 게임 산업, OST, 디스크자키, 녹음기획자 등의 폭넓은 진로를 선택할 수 있습니다.

요즘 우리나라의 가수들은 세계를 무대로 한류바람을 일으키고 있습니다. 이런 가수들은 전문 엔터테인먼트 회사에서 길러내는 경우가 많습니다. 엔터테인먼트 회사를 운영하는 사람 중에 가장 유명한 사람은 SM 기획의 이수만 사장일 것입니다. 그 자신이 가수로 활동 하다 사업가로 변신해 성공한 경우입니다. 양현석 씨나 박진영 씨도 마찬가지입니다. 가수로서의 능력과 사업가로서의 자질이 잘 조화된 경우라 하겠습니다.

음악지능을 높이기 위해서는 어떻게 해야 할까요

1) 음악을 많이 듣습니다

사람은 태어나면서부터 다양한 음과 밀접한 관계를 맺습니다. 엄마의 자장가로부터 자연의 소리와 주변의 소음까지 모든 소리를 듣습니다.

소리에 예민한 귀를 가진 사람은 음악으로 확장하기 쉽습니다. 음악지능을 개발하기 위해서는 어려서부터 음악 감상을 하는 것이 좋습니다. 클래식도 좋고 대중가요도 좋습니다. 자주 들으면 그만큼 음악과 더 가까워질 수 있을 것입니다. 임신했을 때부터 클래식 음악을 늘 틀어놓았다는 부모님도 있습니다. 우연처럼 갑자기 음악을 좋아하게 되는 경우도 많이 있습니다.

2) 노래 가사를 만들어 보아요

책을 읽은 후 노래 가사를 지어 자기가 좋아하는 곡에 맞추어 불러 보는 것도 음악지능을 높일 수 있습니다. 어려서 노래로 배운 조선 왕조사는 나이가 들어서도 잊히지 않습니다. 그냥 외우려면 힘든 것도 노래 가사처럼 만들어 외우면 잘 외워집니다. 음악지능이 높은 학생이라면 더욱 효과적입니다.

3) 친구들과 좋아하는 가수나 음악을 공유해요

요즘 중고생들은 시험이 끝나면 스트레스를 풀기 위해 친구들과 함께 노래방을 찾아 맘껏 소리 지르고 노래 부르며 춤추고 놉니다. 음악지능이 좋은 아이라면 스트레스를 푸는 좋은 방법이 될 수 있습니다. 음악지능이 낮은 아이라면 노래방 가는 것을 그다지 좋아하지 않을 수도 있습니다. 친구들과 함께 즐기면 음악지능이 높아질 거예요. 함께 좋아하는 가수나 음악을 공유하다 보면 음악이 더욱 가깝게 느껴질 겁니다.

요즘 청소년 중에는 작곡을 하는 친구들도 많습니다. 자기가 작곡한 음악을 저작권 등록을 해 놓은 친구들도 있습니다. 일찌감치

지적 재산을 저축하고 있는 셈이지요.

4) 박자 맞추기 놀이에서 시작해 악기를 배워요

'아이 엠 그라운드'처럼 박자에 맞추어 어휘를 대는 놀이도 좋습니다. 놀이를 해 보면 박자를 잘 맞추는 친구들이 있는 반면, 꼭 엇박자로 걸리는 친구들도 있습니다. 재미있게 놀면서 기본적인 박자를 맞추는 감각도 키울 수 있습니다.

학교에서도 다양한 음악활동을 할 기회들이 많이 있습니다. 학교마다 오케스트라나 관현악단 등 음악 동아리들도 있습니다. 함께 연주를 배우고 다른 사람들 앞에서 공연할 기회도 갖습니다. 음악과 관련한 동아리 활동이나 동호회 활동도 도움이 됩니다. 휘파람을 불거나 콧노래 부르기도 음악지능이 높으면 더 잘 할 수 있습니다. 음악지능을 개발하는 데에도 좋습니다.

음악지능을 높이는 데
도움이 되는 책

1) 음악을 친숙하게 만들어 주는 음악 상식 책

《친절한 음악책》은 낯선 음악 상식을 쉽고 재미있게 이야기 해 줍니다. 우리가 잘 알고 있는 영화로 이야기를 풀어나가기 때문에 읽는 재미도 있습니다. 이 책에서는 음악가에 대한 이야기도 명곡에 대한 이야기도 편안하게 들려주고 있어 클래식과 허물없이 친해질 수 있답니다.

2) 음악가를 알려주는 책

《세상 모든 음악가의 음악 이야기》에서는 세상에 존재하는 다양한 음악 장르와 음악가, 음악 상식을 소개하고 있습니다. 이 책에서는 우리가 잘 알고 있는 바흐, 헨델, 모차르트 등의 고전음악가와 안익태, 쇤베르크, 조지 거슈윈 등의 20세기 현대 음악가들의 생애와 명곡 속에 숨겨진 이야기들을 들려주고 있습니다. 고대 로마 시대 음악부터 현대의 재즈까지 다양한 장르들을 다루고 있어 음악에 대한 지식을 높일 수 있습니다.

3) 우리 음악에 대한 이해를 높여주는 책

《판소리와 놀자!》는 우리 음악을 만나게 해 줍니다. 남원의 지리산 자락에서 판소리를 배우는 윤실이를 통해 옛 사람들의 삶 속에 살아 숨 쉬던 우리 소리의 참맛과 우리 문화의 소중함을 깨닫게 해 주는 책입니다. 전라도 사람들은 누구나 소리 한 자락은 할 수 있을 정도의 흥취를 가지고 있다고 할 정도로 소리의 고장 하면 전라도지요. 판소리 선생님이 구수한 전라도 사투리로 들려주는 우리나라 명창들의 일화와 판소리 연수원식구들과 함께 떠나는 섬진강 주변

답사 여행을 통해 판소리의 매력을 만나 봅시다. 판소리의 기본 구성 요소인 창, 아니리, 발림, 추임새와 판소리의 장단, 판소리의 다섯 마당 등의 기본 상식도 익힐 수 있습니다.

4) 음악의 힘을 보여주는 책

음악으로 하나 되는 이야기도 있습니다. 이태석 신부가 남수단에 가서 힘든 삶을 사는 그곳의 아이들에게 음악 연주로 희망을 준 것처럼 볼리비아의 부랑아들을 모아 오케스트라 연주를 하게 되는 과정을 그린 《마에스트로》도 있습니다. 가난과 폭력에 시달리는 가운데서도 음악에서 희망을 찾고 결국 음악으로 성공한 부랑아의 모습을 보며 희망을 잃어버리면 안 된다는 것을 깨닫게 됩니다. 힘든 중에도 마음속에 새긴 노래 하나, 조용히 연주할 수 있는 하모니카 하나도 힘이 될 수 있음을 보여줍니다.

《그냥》은 KBS '남자의 자격'에서 음악성이 없는 여러 사람들을 규합해 아름다운 하모니로 사람들에게 감동을 선사했던 박칼린 예술 감독의 자전적 이야기입니다. 박칼린 감독은 우리나라에서 뮤지컬 음악감독을 맡아 뮤지컬계를 이끌어 왔습니다. 이 책을 통해서 박칼린 감독의 음악에 대한 철학과 인생을 살아가는데 필요한 긍정적 태도들을 만날 수 있습니다. 무엇보다 보석을 캐내는 심정으로 뮤지컬 가수들을 발굴해 내는 박칼린 감독의 남다른 능력을 엿볼 수 있습니다.

한국인으로서 세계무대에서 활약하는 대표적인 음악가로는 성악가 조수미 씨를 꼽을 수 있습니다. 《신이 내린 목소리 조수미》는 타고난 재능에 만족하지 않고 치열한 노력을 거듭해 세계 5대 오페라 극장에서 공연한 최초의 동양인 조수미 씨를 자세히 소개하고 있습니다. 조수미 씨가 세계적인 성악가가 되기까지는 운명을 바꾸어 놓을만한 스승이 세 분 계셨다고 합니다. 만남의 중요성이 드러나는 부분입니다.

《한국인의 열정으로 세계를 지휘하라》는 세계를 무대로 활동하는 지휘자 정명훈 씨의 이야기입니다. 이 책에서는 정명훈 씨의 어린 시절과 성장해 온 과정, 유학생활을 통해 알게 된 음악의 깊이 등이 들어가 있습니다. 정명훈 씨가 국제무대에 당당히 설 수 있었던 것은 한결같은 직업의식, 유연한 리더십 덕분입니다. 거기에다 부단한 노력까지 곁들여졌기 때문에 정명훈 씨는 세계적인 지휘자가 될 수 있었습니다. 정명훈 씨는 부족한 프랑스어를 공부하기 위해 새벽 다섯 시에 일어나 공부하고, 밤늦게까지 곡을 연구하고 꾸준히 피아노 연습을 했다고 합니다. 우리는 이를 통해 노력이야 말로 자신의 꿈을 이루는 가장 좋은 수단임을 알 수 있습니다.

3

세상을 논리로
풀어내게 해주는
논리수학지능

도대체 수학을 왜 공부해야 하는지 모르겠다는 사람들이 있는 반면, 수학을 정말 좋아해서 이 세상을 모두 수학으로만 바라보는 사람들도 있습니다.

수학은 사람들을 괴롭히기 위해 만들어진 학문이 아닙니다. 문자언어는 서로 다르지만 수 언어는 만국공통어라고 할 수 있습니다. 이 세상의 모든 문명은 수학을 빼놓고 이야기 할 수 없습니다.

논리수학지능은 수학과 관련한 과목을 공부할 때 직접적으로 나타납니다. 실제 생활에서도 모든 일을 이성적으로 잘 처리하기 위해 필요한 능력입니다.

논리수학지능은 물리나 화학 같은 과학 분야의 기본이 되기도 하고 공과나 의과, 경제, 경영, 의과 등 다른 학문 분야의 기초가 되기도 합니다. 그래서 학교교육과정에서는 수학을 중요하게 여기고 있습니다.

논리수학지능은 부호해독을 할 때, 계산을 할 때, 숫자를 기억하거나 문제를 해결할 때, 글을 쓸 때 논리적으로 표현해 내는 능력입니다. 컴퓨터 프로그램을 만들거나 퍼즐을 풀 때, 그리고 발명을 할 때 새로운 생각을 얼마나 순차적으로 잘 해 내는가에 따라 성패가 갈릴 수 있습니다. 이때 중요한 역할을 하는 것이 바로 논리수학지능입니다.

논리수학지능이 좋은 친구들은 수에도 민감한 편입니다. 그래서 형제간에 돈 계산도 정확하게 합니다. 우리가 흔히 이과형이라 하는 친구들이 논리수학지능이 좋은 친구들입니다. 대체로 문과형이라 하는 친구들은 숫자만 보면 복잡해하며 흥미를 잃기도 합니다. 하지만 문과형이라도 논리성이 있으면, 논리가 글로 나타난 철학적인 부분이나 추리소설 같은 것들을 즐기기도 합니다.

논리수학지능이 좋은 친구들은 선생님의 설명을 들을 때 앞뒤의 논리가 맞지 않은 부분을 잘 찾아냅니다. 토론을 할 때도 상대방의 논리의 허점을 잡아 내 반론을 잘 하기도 합니다. 일상생활 속에서 따지기를 잘 해서 친구들이 싫어할 수도 있습니다. 그리고 비판을 잘 하기 때문에 어른들에게는 말대꾸를 잘 하는 버릇없는 학생으로 비치기도 합니다.

논리수학지능이 좋은 친구들은 논술에서도 두각을 나타냅니다. 감상 글보다는 논리적인 글을 더 잘 쓸 수 있습니다. 언어지능도 높으면 기승전결에 맞추어 자신의 의견을 펼칠 수 있습니다.

논리수학지능이 높으면
무슨 일을 하면 좋을까요

논리수학지능이 높은 사람은 모든 일을 처리할 때 좀 더 논리적으로 해결책을 찾아 낼 수 있습니다. 수학의 공부 목적은 사고력을 기르기 위한 것입니다.

논리수학지능이 자연과학과 만나면 과학자, 물리학자, 동식물학자, 지질학자, 천문학자, 고생물학자, 핵물리학자가 되거나 항공우주공학, 통계학, 구름 물리학 등의 진로로 나아갈 수 있습니다. 이 학문들은 사람들이 갖는 의문을 풀어주고 새로운 것을 만들어내기도 합니다. 기초과학분야가 대부분이어서 이런 부분들이 발전하게 되면 다른 학문 분야로의 응용이 가능해 사람들의 삶을 더욱 풍성하게 해 줍니다.

논리수학지능과 관련된 금융 관련 진로는 애널리스트, 경영컨설턴트, 펀드매니저, 환 딜러, 선물옵션, 회계사, 세무사, 투자분석가, M&A 전문가, 손해사정사, 여론조사기관, 통계학자, 금융상품기획가, 퍼널리스트(펀드매니저와 애널리스트 겸직)등이 있습니다. 이런 일들은 금전과 관련 되어 있어 수리능력이 꼭 필요한 부분이기에 논리수학지능이 약하다면 할 수 없습니다. 만약 한다 해도 잘 해내기 어려울 것입니다.

IT 전문 관련 진로로는 IT 컨설턴트, 컴퓨터프로그래머, 시스템 운영관리자, 전자 계산 관련 직업, 컴퓨터 시스템 설계분석가, 네트워크 시스템 분석가, 웹 개발자, 공장자동화설계, 통신신호처리 등이 있습니다.

뉴미디어를 마음대로 다룰 수 있는 능력도 미래에 유망한데 가상환경을 다룰 수 있는 정보보안전문가, 빅 데이터 분석가, 인공지능 전문가, 모바일 애플리케이션 개발자 등도 전망이 아주 높은 직업입니다. 컴퓨터 관련한 일들은 지금도 각광을 받고 있지만 미래에도 더욱 각광받는 직업 중의 하나가 될 것입니다.

교육과 관련한 진로로는 수학 · 과학 교사, 강사, 교수 등이 있습니다. 아이들을 논리수학의 세계로 이끌기 위해서는 자신이 정말 수학이나 과학을 좋아해야 잘 할 수 있습니다.

경영과 관련한 진로로는 경영컨설턴트, CEO, CTO 등이 있습니다. 기업의 최고 경영자, 기업 활동 중에서 기술을 효과적으로 획득, 관리, 활용하기 위한 모든 경영지원 활동을 총괄하는 책임자들은 논리성을 갖추고 있어야 합니다. 기획과 전략 같은 조직의 의사결정은 한 사람의 삶만이 아닌 조직 전체의 사활을 다루고 있기 때문입니다.

법률 관련 진로로는 변호사, 검사, 변리사 등이 있습니다. 법 자체가 논리가 있어야 하고 죄를 밝혀내거나 무죄임을 증명해 내기 위해서도 논리가 필요합니다. 말만 잘한다고 해서 변호사가 될 수는 없습니다.

특수운전과 관련해서는 항공기조종사, 항공관제사, 항해사, 지하철기관사 등이 있습니다. 특수운전은 복잡한 기계를 다루거나 위기 상황을 판단해 내는 능력이 있어야 하기에 논리성이 요구됩니다.

회계와 관련해서는 회계사, 세무사, 금융공학 등이 있습니다. 회계사나 세무사도 많이 선호하는 직업 중의 하나인데 이들 모두 숫자를 다루기 때문에 수리에 민감한 사람만이 할 수 있는 일입니다.

기획전문 관련 진로로는 광고 및 홍보전문가, 큐레이터 등이 있습니다. 큐레이터는 감성이 중요하기도 하지만 일을 기획하고 짜임새 있는 구성을 하기 위해서는 논리성이 필요합니다.

언어 관련해서는 번역가, 통역가, 기자, 앵커, 전문방송인, 아나운서, 연설가, 스피치라이터 등이 있습니다. 글이나 말은 논리성이 있어야 설득력을 지닙니다.

논리수학지능을 높이기 위해서는
어떻게 해야 할까요

1) 수학 관련 책을 읽어 수학과 친해져요

수학자에 관한 책이나, 놀이수학에 관한 책이나, 수학을 소재로한 동화 같은 책들도 많이 있습니다. 숫자 관련한 책들도 많이 있는데 놀이수학이나 원리를 만화로 재미있게 풀어 낸 책들을 읽는 것도 논리 수학 지능을 높이는데 도움이 됩니다. 추리소설을 읽는 것도 논리력을 키우는데 많은 도움이 될 수 있습니다.

2) 수학 관련 놀이도 좋아요

놀이들은 대부분 규칙이 있고 그 규칙들이 정교하게 만들어져 있습니다. 게임의 규칙을 잘 이해하는 것도 논리적 사고를 쌓는데 도움이 됩니다. 논리적인 사고를 키우면 수학을 공부하는데 많은 도움이 됩니다.

바둑도 논리성을 키우는데 도움이 됩니다. 다양한 숫자게임을 해서 수와 가까워지면 논리수학지능을 높이는데 도움이 됩니다. 스도쿠 퍼즐 게임은 숫자에 흥미를 가지게 할 수 있습니다.

예능 프로에 자주 등장하는 3 · 6 · 9게임도 좋습니다. 3의 배수를 생각하며 숫자를 대야 하기 때문에 구구단의 3단은 정확히 외울수 있습니다.

생활 속 놀이로 수를 익힐 수도 있는데, 구슬치기 중 나이 먹기 게임이나 자치기 놀이는 더하기와 관련된 놀이입니다. 공기놀이는 소근육을 발달시키는데 도움이 되는데, 년수를 계산해야 하기 때문에 이 역시 수를 익히는데 도움이 됩니다.

같은 점과 다른 점을 구분해 찾아보는 것도 생활 속 놀이로 할 수 있습니다. 바로 아이들이 즐겨하는 홀아비 놀이입니다. 우리 주변에 숫자로 이루어진 것들을 가지고 암산놀이를 하는 것도 좋습니다. 전화번호, 번지수, 아파트 동 호수, 자동차 번호, 자기 집 번호 키 등등 숫자와 관련된 것들이 의외로 많습니다.

숫자를 이용한 그림 그리기도 수를 가깝게 느낄 수 있도록 해 줍니다. 요즘은 학교에서 수학시간에 자기만의 숫자 그림을 그리는 활동도 합니다. 주변에서 사물 속에 숨어 있는 숫자모양을 찾아보는 것도 논리수학지능과 창의성을 기르는데 도움이 됩니다.

3) 주변의 모든 현상에 대해 '왜?'를 붙여 보아요

왜 그럴까에 대한 답을 생각해 보는 것은 일의 원인과 결과를 엮어내는 힘을 기르는 데 도움이 됩니다. '왜?'라는 질문을 던지며 문제해결책을 생각해 볼 수 있는 것들이 많이 있습니다.

일의 순서를 생각해 보는 것도 좋습니다. 컵라면 끓이는 방법이 서술형 문제로 나올 때가 있습니다. 순서가 하나라도 틀리면 컵라면을 제대로 끓여 먹지 못합니다.

뉴스를 보면서 저 문제를 어떻게 하면 해결할 수 있을까 생각해 보는 것도 좋습니다. 다른 사람과 함께 그 문제를 해결할 수 있는 방법에 대해 이야기를 나누는 것도 도움이 됩니다.

문제가 발생한 원인과 결과를 찾아보는 것도 좋습니다. 시사 문제에 관한 정리를 할 때 한 가지 주제로 일의 추이를 따라가며 정리하는 것은 좋은 습관이라 할 수 있습니다. 토론을 할 때 상대방의 의견을 들으며 논리적으로 맞지 않는 부분을 찾아내거나 토론의 주제에 맞는 문제해결책을 생각해보는 것도 좋습니다.

4) 수학 문제를 직접 만들어 보거나 문제를 생각하며 풀어 봅니다

하루에 두 개씩 수학문제를 만들고 풀이 과정을 설명하도록 해봅시다. 문제를 만들 때는 이야기로 만들 수도 있고 수로 만들 수도 있습니다. 이야기가 가미되면 스토리텔링이 되는 것입니다.

문제를 풀 때 내가 틀린 문제나 잘못한 것의 이유를 생각해 보고 개선할 방법은 무엇인지 생각해 보는 것도 필요합니다. 문제를 풀 때 "그냥 감으로 찍었어요."하는 친구들이 있습니다. 그러나 감만 가지고는 문제를 정확하게 풀 수 없습니다.

논리수학지능이 발달한 친구들은 학교에서 모범생이거나 공부를 잘 하는 경우가 많습니다. 그 이유는 논리적으로 문제를 풀고 오답처리도 순차적으로 정확하게 해 내기 때문입니다.

요즘은 사고력 훈련을 할 수 있는 문제들이 담겨 있는 책도 있습니다. 그런 문제들을 풀어보는 것도 논리성을 높이는데 도움이 됩니다.

5) 글을 쓰며 논리성을 키울 수 있어요

논리성을 높이는 독후활동으로는 어휘 퍼즐 만들기가 있습니다. 책 속에 나오는 어휘를 짜 맞추어 퍼즐로 만들기 위해서는 어떻게 배치해야 할지 고민을 해야 합니다. 그 고민의 과정에서 사고력과 논리성이 생기게 됩니다.

독서감상문 쓰기 활동에서도 그냥 손이 가는 대로 쓸 것이 아니라 어떤 짜임으로 쓸 것인가 개요 짜기를 해 보면 논리성이 생깁니다. 이렇게 하면 짜임이 좋고 좀 더 논리적인 감상문이 됩니다. 이런 연습은 나중에 논술쓰기에도 도움이 됩니다. 일기쓰기에서 일이 일어난 순서를 잘 생각해서 순차적으로 글을 써 나가는 것도 논리성의 기본을 잡아 나가는 방법입니다.

논리수학지능을 높이는 데 도움이 되는 책

1) 논리성을 키우는 책

논리성을 키우기 위한 책들 중에 수학을 기분 좋게 느끼게 해 주는 앗 시리즈의 《수학이 수군수군》이 있습니다. 이 책 외에도 수학과 관련한 책이 5권 있는데 이 책을 읽다보면 수학이 재미있어지고 좋아집니다. 물론 잘 하게 되는 것과는 별개입니다.

무엇을 잘 하기 위한 첫 단계가 좋아하기라면 그 첫 과제는 완성한 셈입니다. 만화도 나오고 이야기도 나오고 퀴즈도 나오고 수학과 관련한 재미있는 것들이 나와 있어 쉽게 읽을 수 있습니다.

2) 생활 속 수학의 필요성을 알게 해 주는 책

《우리 겨레는 수학의 달인》은 우리의 삶에 수학이 어떻게 쓰였나를 보여주는 책입니다. 신라 천년의 수도인 경주의 첨성대, 불국사, 석굴암, 다보탑등의 문화재를 덧셈, 뺄셈, 곱셈, 나눗셈으로 분석을 해서 문화재의 아름다움을 잘 드러내 줍니다.

수학이 우리 삶에 실용적으로 쓰이는 것 중에 암호가 있습니다. 암호 중에 가장 많이 사용하는 것은 비밀번호입니다. 비밀번호를 갖지 않은 사람이 없을 정도로 오늘날은 비밀번호가 필수인 세상입니다. 메일도, 통장도, 번호 키도, 스마트폰도 비밀번호로 잠가두고 쓸 때만 열어 봅니다. 이런 비밀번호가 왜 필요할까요? 이 책에서는 암호의 종류와 암호를 만들어 보는 과정을 통해서 암호의 원리를 직접 알 수 있도록 해 줍니다. 레오나르도 다빈치는 자신의 생각을 다른 사람에게 들킬까봐 창의적인 생각들을 암호로 기록하기도 했습니다. 사람과의 관계를 숫자로 인지하는 사람도 있습니다.

3) 수학자와 친해지는 책

《피타고라스 구출작전》은 수학자에 대한 이야기를 통해 수학을 가까이 느껴보게 해 주는 책입니다. 타임머신을 타고 고대 그리스로 날아간 세 아이들의 모험 이야기를 통해 수학의 원리와 규칙을 이해할 수 있습니다. 사이사이에 등장하는 그림 설명이 이해를 도와줍니다.

우리나라의 입자물리학자 《이휘소》 박사도 책을 통해 만나볼 수 있습니다. 세계적인 물리학자였던 이휘소 박사는 어려서부터 과학과 수학에 엄청난 흥미를 보였다고 합니다. 일제강점기와 한국전쟁을 겪은 직후 우리나라는 경제적으로 무척 힘든 상황을 겪었습니다. 이휘소 박사는 이렇게 힘든 상황 속에서도 어머니의 전폭적인 지지를 받으며 행복한 어린 시절을 보냈습니다. 이휘소 박사의 어머니는 지적 호기심이 많은 아들이 스스로 자신의 세계를 개척해 세계적인 물리학자로 우뚝 설 수 있도록 도와주었습니다. 이휘소 박사는 모두가 인정하는 세계적인 물리학자가 됐지만, 뜻하지 않은 사고로 일찍 생을 마감했습니다. 비록 짧은 삶이기는 했지만 그의 노력은 물리학 발전에 큰 기여를 하였습니다.

4) 수학의 필요성을 더 알려주는 책

수학은 통계학의 기본이 됩니다. 통계의 쓰임새를 보여주는 책으로는 《세미, 통계로 인류를 구하다》가 있습니다. 통계로 인류를 구하는 세미를 따라가다 보면 전 세계에 어떤 위험한 일들이 있었는지, 그 문제를 해결하기 위해서 통계가 어떻게 쓰이는지 알 수 있습니다.

수학이 실생활과 가장 밀접한 모습을 보여주는 분야는 경제분야라고 할 수 있습니다. 회계사가 들려주는 경제 이야기인《회계사 아빠가 딸에게 보내는 32+1통의 편지》에는 돈에 관한 바른 자세와 올바른 씀씀이에 관한 이야기가 담겨 있습니다. 돈이 없다면 우리는 살아가기 어려울 것입니다. 그렇다고 돈에 노예가 된다면 올바른 삶을 살기가 어렵습니다. 이것이 돈에 관한 올바른 철학을 가져야만 하는 이유입니다.

논리수학지능이 발달하면 사업가로 성공할 수도 있습니다.《치약으로 백만장자 되기》에는 그 방법이 잘 나와 있습니다. 열세 살 소년 루퍼스와 케이트가 서로 도우며 치약 제조법을 개발하여 큰돈을 버는 이야기입니다. 중간에 있는 수학문제도 풀어보아요. 치약 사업으로 성공한 루퍼스는 주변 사람들과 함께 사업에서 얻은 이익을 나눕니다. 루퍼스는 어느 날 회사를 그만두고 여행을 떠납니다. 뒤에 있을 모험이 기대가 됩니다. 수학적 재능이 자신뿐만 아니라 다른 사람에게도 큰 도움을 준다는 것을 보여주는 이야기입니다.

5) 수학적 사고를 확장시켜 주는 책

수학만이 논리성을 키우는 것은 아닙니다.《생각 깨우기》에는 호기심, 관찰, 추리, 고정관념 벗어나기 등 일곱 가지 생각도구에 대한 설명과 중요성이 쉽고 재미있는 이야기로 실려 있습니다. 옛이야기에서부터 신화, 역사, 인물, 예술과 과학을 넘나들며 내 안의 잠든 생각을 깨우는 이야기들을 만날 수 있습니다. 항상 호기심을 가지고 스스로에게 질문하며 답을 찾는 활동은 창의적이고 주도적인 사고에 도움을 줍니다.

논리성이 가장 강한 글 중의 하나가 기사입니다. 기사를 통해 논리성을 키울 수 있는 책 중에 《뉴스 속에 담긴 생각을 찾아라》가 있습니다. 이 책에서는 신문에서 다뤄지는 문제들을 30개의 주제로 나누어 생각해 볼 수 있도록 하고 있습니다. 이 책을 보고 주장하는 글을 쓰면 그것이 논술입니다. 다른 글들도 논리가 있어야 하지만 특히 논술에서는 논리적 사고가 잘 드러나야 합니다.

<u>4</u> 주변을 더 잘 활용할 수 있게 해 주는 공간지능

공간지능은 삼차원 상의 형태와 이미지를 정확하게 지각하고 이해하고 변형시키고 창조할 수 있는 능력입니다. 공간에 있는 색깔, 선, 모양, 형태 등의 요소들 사이의 관계에 대해 민감성이 높아서 머릿속에서 자유롭게 돌리고 입체화시킵니다. 미술가나 건축가, 발명가들에게서 쉽게 볼 수 있는 지능입니다.

공간지능이 높으면 블록 쌓기도 잘하고 만들기도 잘 합니다. 똑같은 블록을 가지고 만들기를 해도 다른 친구들보다 더 빠르게, 더 멋지게 만든다면 공간지능이 높다고 할 수 있습니다.

한 번 보고 그림을 재구성해 낸다던지 자신만의 그림을 잘 그려 내는 친구들도 공간지능이 높다고 할 수 있습니다. 사진도 잘 찍어서 똑같은 풍경을 찍어도 더 멋져 보일 수 있습니다. 각도라든지 잘

라내야 하는 부분들을 어떻게 구성해야 하는지 가르쳐 주지 않아도 감으로 잘 알 수 있기 때문입니다. 그림 퍼즐 맞추기도 잘 합니다. 전체를 보고 부분 부분의 모양새를 잘 찾아 짜 맞추기 때문입니다. 공간지능이 좋은 친구들은 운동을 잘 하기도 합니다. 자기에게 주어진 공간을 100% 활용해 낼 수 있기 때문입니다.

옷을 잘 입고, 핀 하나를 꽂아도 멋지게 보이는 친구들은 생활 속에서 공간지능을 잘 살려내는 친구들입니다. 길을 잘 찾고, 한 번 간 길은 잘 잊지 않는 사람도 공간지능이 뛰어난 사람입니다. 공간지능이 높으면 수학 문제를 풀 때도 수로 된 것보다 도형이나 함수 관련 문제를 쉽게 풀어내는 경향이 있습니다. 공간지능이 높은 친구들은 노트 필기도 색채 도구들을 활용해 보기 좋게 합니다. 그림으로 아이콘을 만들어 책의 여백에 표시를 하는 등, 학습정리를 좀 더 입체적으로 잘 합니다.

공간지능이 높으면
무슨 일을 하면 좋을까요

공간지능이 좋으면 예술분야로 진로를 잡을 수 있습니다. 대부분의 예술 활동들이 공간지능이 높으면 더 잘 할 수 있기 때문입니다. 사진사, 촬영사, 디자이너, 만화가, 애니메이션작가, 산업디자이너, 마술사, 불꽃놀이 전문가, 미술품 딜러, 화가, 버블리스트, 예술제본가 등이 있습니다.

건축 및 디자인 관련 진로의 일을 하는데도 공간지능은 절대적이라 할 수 있습니다. 건축설계사, 조경디자인, 인테리어, 보트설계, 수주설계, 우주선설계, 로봇 설계, 자동차디자인, 시계 주얼리, 환경건축학 등의 분야에서 일할 수 있습니다.

공간지능을 활용한 전문서비스업의 진로로는 메이크업아티스트, 분장사가 있는데, 영화나 드라마의 등장인물들을 위한 특수 분장의 경우 공간지능이 꼭 필요한 영역이라 할 수 있습니다. 영화 속 인물들은 다양한 형태로 표현이 됩니다. 사람이 연기하기는 하지만 사람이 아닌 것처럼 표현해야 할 때도 있습니다. 따라서 입체적인 표현이 가능한 공간지능이 있어야 하고 그것을 구현해 내는 상상력이 필요합니다.

의료관련 해서는 치기공사, 성형외과 의사가 있습니다. 치기공사나 성형외과 의사는 입체적으로 사물을 바라보고 미적 감각을 지녀야 일을 더욱 잘 해 낼 수 있습니다. 그렇기 때문에 공간지능이 꼭 필요합니다.

무용 관련 진로로는 무용, 피겨스케이팅, 수중발레 등이 있습니다. 피겨스케이팅으로 전 국민에게 감동을 선사한 김연아 선수의 경우도 공간지능이 뛰어난 예입니다. 자기가 연기할 공간을 100% 활용해 자신의 능력을 펼쳐 보이기 때문입니다. 스킨스쿠버나 카레이서 등의 운동 관련 진로로도 나갈 수 있습니다.

공간지능이 발달하면 특수운전 분야로도 나갈 수 있는데 항공기 조종사나, 항공관제사, 항해사, 지하철기관사가 여기에 속합니다. 공간지능을 활용하면 운전 뿐 만 아니라 항공, 선박, 자동차, 로봇 등의 정비도 할 수 있습니다.

공간지능이 좋으면 패션 감각도 뛰어납니다. 그 능력을 활용하면 의상코디네이터, 디자이너, 모델 등의 진로로 나갈 수 있습니다. 의상코디네이터는 연예인과 활동할 기회가 많아서 연예인을 동경하는 청소년들이 하고 싶어 하는 일 중의 하나입니다.

방송 관련 일을 할 때도 공간지능은 발휘되는데 카메라맨, 영화감독, 방송 PD, 퍼펫에니메이터 등의 진로로 나갈 수 있습니다. TV나 영화를 보다보면 뛰어난 영상미를 만날 수 있는데 공간지능이 발휘된 예라 할 수 있습니다.

조리 관련 공간지능은 커피바리스타, 푸드스타일리스트, 슈거크래프트 등으로 발현 할 수 있습니다. 요즘은 음식을 맛있게 만드는 요리사의 인기도 좋지만, 보기 좋게 잘 담아내는 푸드스타일리스트의 인기도 매우 높습니다.

공간지능이 좋고, 신체 조작이 용이한 사람은 프로게이머, 안경사, 방송통신설비수리, 메카트로닉스 기술자, 선박엔진정비사, 농·공업기계 설치 및 정비 일을 잘 할 수 있습니다.

지도를 제작하는 지도제작기능사나 유물이나 유적을 복원하는 문화재복원가가 되어 공간지능능력을 발휘할 수도 있습니다.

공간지능을 높이기 위해서는
어떻게 해야 할까요

1) 놀이를 통해서 공간지능을 높일 수 있어요

공간지능을 높일 수 있는 대표적인 게임은 미로게임이나 체스게임, 블록 맞추기 놀이나 큐브 맞추기, 장난감 조립활동이나 보물찾기, 플라스틱 모델 만들기 등이 있습니다.

공간지능이 약한 친구들은 이런 활동 자체를 썩 좋아하지 않을 수 있습니다. 하지만 공간지능은 실제 생활에서 쓸모 있는 지능입니다. 즐겁게 놀다보면 자연스럽게 키울 수 있으니 이런 놀이를 좋아하는 친구들과 함께 즐겁게 활동해 보세요.

2) 미술활동이 좋아요

색종이 접기, 조각 그림 맞추기, 찰흙 만들기, 데생이나 조각 등의 활동을 하면 공간지능이 높아집니다. 서예도 서체에 맞게 재창조해 내야 하기 때문에 공간지능이 높으면 더 잘 해 냅니다.

책 만들기 활동은 좀 더 입체적이고 종합적인 활동으로 공간지능을 높이기에 좋은 활동입니다. 카메라로 사진 찍기 활동을 하는 것도 공간지능을 높여줍니다. 어떤 장면을 얼마만큼 집어넣을 것인가 늘 고민을 해야 하기 때문에 공간감각을 키울 수 있습니다.

3) 비디오, 슬라이드, 영화, 그림 감상을 해요

감상활동을 하며 시각적 사고를 키우는 연습을 하거나 집안에 그림이나 사진을 걸어두고 자주 들여다보는 것도 도움이 됩니다. 사진이나 그림을 가지고 이야기를 만들어 보고 자신의 마음의 상태를 설명해 보는 활동을 하는 것도 좋습니다. 영화를 보고 재미있다 없다 이야기를 나누어 보는 것도 좋지만, 영화 속 화면을 바라보는 것만으로도 공간에 대한 감각이 길러질 수 있습니다. 3D 입체영화가 주는 느낌은 가상인 줄을 알면서도 더욱 생생하게 다가옵니다.

4) 그림으로 독후활동을 해요

고전 작품들을 읽다보면 앞부분에는 공간에 대한 묘사가 많이 나옵니다. 그런데 그림이 없으면 그 소설들을 이해하는데 어려움을 겪기도 합니다. 그래서 요즘은 그림을 통해 이해를 돕는 책들도 많이 나옵니다. 그런데 그림이 없더라도 작품을 읽어 나가는 동안 그 일이 어디에서 일어나고 있는지 상상해 보는 것이 공간지능을 기르는데 도움이 됩니다. 책을 읽고 그림으로 감상을 표현해 보거나 만화로 재구성해 보는 것도 공간지능을 높이는 방법입니다.

마인드맵으로 재구성해 보는 것도 좋습니다. 입체적이고 체계적으로 정리할 수 있는 방법이므로 학습정리나 일기 같은 것에 적용해 봅시다. 이때 여러 색의 펜을 이용하면 훨씬 효과적으로 표현해 낼 수 있습니다.

공간지능을 높이는 데 도움이 되는 책

1) 예술 감각을 높여주는 책

그림을 잘 그리는 사람이 그림에 대한 지식까지 갖추고 있으면 더욱 좋을 것입니다. 그림은 동양화와 서양화로 나누기도 하는데, 우리 전통 그림에 대한 이해를 높여주는 책으로 《한눈에 반한 우리 미술관》과 《우리 그림이 들려주는 사람 이야기》가 있습니다.

두 책은 우리 옛 그림을 재미있게 볼 수 있도록 도와줍니다. 이 책에서는 우리 조상들이 사는 모습을 보여주는 풍속화, 자연의 모습을 담은 산수화, 민중들의 생활 모습을 담은 민화, 불교 관련 그림인 불화 등으로 나누어 설명을 하고 있습니다. 각각의 분야에 대해 올바르게 감상하는 방법부터 제목에 담긴 뜻, 시대적 배경과 그림에 얽힌 흥미진진한 이야기 등을 통해 우리 그림을 쉽고 재미있게 만날 수 있게 해 줍니다.

우리 그림뿐만 아니라 세계 여러 나라들의 그림을 만나는 것도 중요합니다. 《세상 모든 화가들의 그림 이야기》에서는 미술관과 미술 교과서에서 흔히 볼 수 있는 불후의 명작들을 만날 수 있습니다. 이 책에는 원시 고대 동굴 벽화에서부터 20세기 천재 미술가 피카소에 이르기까지 각 시대별 화가들의 그림이 알기 쉽게 설명되어 있습니다. 화가들이 표현하고 싶었던 것은 무엇이었을지 그림 뒤에 숨겨진 이야기들도 알 수 있습니다.

2) 생활 속 예술을 찾고 실천하게 해 주는 책

생활 속 모든 물건들도 디자인의 결과물입니다. 우리 주변에 있는 물건들의 모양은 산업디자인의 결과물입니다. 사회가 발달할수록 더 많은, 더 새로운 물건들이 나오고 이미 있는 물건들도 새로운 모습으로 재탄생 될 것입니다. 《상상력에 엔진을 달아라》에서는 유쾌한 상상력을 엿볼 수 있습니다. 이 책에는 기발한 광고 아이디어와 복잡한 마케팅의 법칙들이 나옵니다.

자신이 직접 책을 만들어 보는 것도 공간지능을 키우는 데 좋습니다. 《책 만드는 책》에는 책 만드는 방법이 자세히 나와 있습니다. 회화와 석판화를 전공한 저자는 자기의 그림을 이용해 책 만들기 작업을 하다 북 아티스트가 되었습니다. 작가가 만든 책과 다른 사람들이 만든 책이 보기로 들어 있고, 어떤 과정을 거쳐 만들어졌는지 볼 수 있어서 자신만의 책을 만드는데 도움을 주고 있습니다.

3) TV와 영화 속 공간지능을 보여주는 책

TV가 없는 세상은 상상할 수도 없습니다. 그런데 TV의 프로그램들은 어떻게 만들어질까요?《채널고정! 시끌벅적 PD 삼총사가 떴다!》는 TV 프로그램이 만들어지는 과정을 자세히 보여주고 있습니다. 주인공은 부모님 직업 체험 숙제 때문에 PD인 엄마와 AD인 아빠를 찾아갑니다. 이 책에서는 방송국 PD, 기자, 아나운서, 사회자, 드라마 작가 등의 직업을 생생하게 만나 볼 수 있습니다. 책 사이사이에는 방송 관련 일을 하고 있는 사람들의 인터뷰가 나와 있어 방송 관련 직업에 대한 이해를 더욱 높여주고 있습니다.

영화 관람도 이제는 문화생활로써 완전히 자리를 잡았습니다. 앞으로도 영화는 문화 생활의 중요한 역할을 담당할 것입니다.《아주 특별한 상상 발전소 영화》에서는 스티븐 스필버그 감독과 알프레드 히치콕 감독을 만나 볼 수 있습니다. 그리고 영화 속 중심인물을 통해 영화가 어떻게 만들어지는지 알 수도 있습니다. 이 책에서는 영화의 종류부터 블록버스터 영화와 영화 산업에 이르기까지 영화 전반에 대한 내용을 다루고 있습니다. 세부적으로는 영화의 특수 효과와 기법, 아이들이 좋아하는 애니메이션, 세계 영화제와 영화상, 세계 속의 우리나라 영화의 위상 등도 소개하고 있어 영화에 대해 속속들이 이해하기 쉽습니다.

4) 생활 속 예술, 건축을 만나게 해 주는 책

사람들이 유럽에 가서 감명을 받는 것은 예술 작품 같은 건축물들 때문입니다. 성당이나 교회, 그리고 성이 대표적인 건축물이라 할 수 있습니다. 《성》은 가상의 성이 만들어지는 과정을 상세하게 담아 놓은 책입니다. 이 책에는 성이 어떤 과정을 거쳐 만들어지는지, 어떤 도구가 쓰이는지, 어떤 구성으로 만들어지는지 상세하게 담겨져 있습니다. 설계도를 보는 듯한 장면도 들어 있어 건축에 흥미가 있는 친구들은 재미있게 볼 수 있을 것입니다.

한옥은 우리의 전통 주택이자 친환경적 주택입니다. 요즘은 한옥의 매력에 빠져 현대적인 방식으로 한옥을 짓는 사람들도 늘어나고 있습니다. 우리의 전통 가옥에 대해 궁금한 점이 있다면 《집짓기》라는 책을 보면 좋습니다. 이 책에서는 전통 가옥의 발전사와 집 짓는 순서와 방법, 계층별로 달랐던 전통 집의 구조, 지역별 집 구조의 차이점 등을 보여줍니다. 이 책을 읽고 나면 조상들의 슬기와 뛰어난 과학 기술에 감탄하게 됩니다. 뿐만 아니라 전통 가옥과 좀 더 친숙해질 수 있습니다. 물건만 재활용 하는 것이 좋은 게 아니라 건물도 재활용 할 수 있으면 좋습니다. 그런 의미에서 전통 가옥을 보존하고, 새로 짓는 것은 환경을 지키는 일이라 할 수 있습니다. 새로 만드는 것도 좋지만 기존의 있는 것들을 최대한 다시 살려낸다면 비용도 절감할 수 있고 역사성도 살릴 수 있습니다.

5) 발명의 길을 보여주는 책

공간지능이 높으면 발명도 잘 할 수 있습니다. 많은 아이들이 미래의 꿈으로 발명가를 선택하기도 합니다. 오늘날 인류가 편하고 안전한 생활을 하고 있는 것은 발명가들 덕분입니다. 《위대한 비행》은 초등학교 학생의 눈으로 바라 본 아빠의 실험과 실패에 대한 이야기입니다. 루이 블레리오는 항공 역사에서 위대한 개척자 중 한 사람입니다. 그는 11호 비행기 '블레이오 웅스'를 만들었습니다. 이 책은 한 사람의 끊임없는 노력이 세계의 역사를 바꾸어 놓을 수도 있음을 보여줍니다.

공간지능을 활용해 우리나라 지도의 전설이 된 김정호를 《대동여지도》에서 만나 볼 수 있습니다. 조선 후기에 제작된 대동여지도를 만든 김정호, 그는 성실과 절제, 우정과 자주성을 갖춘 사람이었습니다. 그는 뛰어난 공간지능을 활용해 오늘날의 지도와 비교해도 전혀 손색이 없는 정확한 지도를 제작했습니다.

6) 패션도 연예인도 건축가도 큐레이터도 만나는 책

생활수준이 높아지면서 패션에 대한 관심도 더욱 높아지고 있습니다. 패션은 공간지능을 옷으로 구현해낸 것입니다. 패션이 어떻게 탄생하게 되었나를 만화로 쉽게 그려낸 책이 있습니다. 바로 《패션의 탄생-만화로 보는 패션 디자이너 히스토리》입니다. 이 책에서는 명품들이 어떻게 탄생하게 되었는지 알려 줄 뿐만 아니라 패션과 패션디자이너, 브랜드에 대한 궁금증들을 풀어 주고 있습니다. 만화로 되어 있어 읽기 쉬운 것도 장점입니다.

《꿈을 향해 스타 오디션》을 보면 연예인을 꿈꾸는 주호가 연예인이 되기까지 어떤 과정을 거치고, 어떤 어려움을 맞게 되는지 알 수 있습니다. 주호는 꾸준한 연습의 결과로 오디션을 통과해서 연기자가 되었습니다. 그런데 숨 쉴 틈 없이 바쁜 일정과 스트레스 때문에 입원을 하게 됩니다. 꿈을 향해 나아가기 위해서는 이처럼 힘든 과정을 겪어야 합니다. 꿈을 이루기 위해 노력하고 이겨내면 누구나 다 '스타'라고 할 수 있습니다.

건축가로 유명한 《행복한 훈데르트바서》도 책으로 만날 수 있습니다. 그는 오스트리아 출신의 세계적인 건축가이자, 화가, 환경운동주의자, 평화주의자입니다. 그는 사람과 자연의 조화를 꿈꾸며 자신의 생각을 삶 속에서 실천해 왔습니다. 그는 색채의 마술사로 칭송을 받기도 합니다.

미술관이나 박물관에서 일하는 큐레이터도 공간지능이 있어야 합니다. 《박물관은 지겨워》에는 박물관을 지겨워하는 '나'가 등장합니다. 문화중독증에 걸린 엄마와 아빠 때문에 가기도 싫은 박물관에 억지로 끌려가 너무나 지루한 시간을 보냅니다. 그런데 주인공은 알게 모르게 문화중독증에 감염되었나봅니다. 자신의 생일날 엄마 아빠를 자신만의 박물관으로 초대를 하니까요. 주인공은 엄마 아빠에게 보여주기 위해 자신의 역사가 담긴 물건들을 고르고, 배치

하고, 인상적으로 꾸미려 노력합니다. 꼬마 큐레이터가 탄생한 것
이지요.

5 몸을 자유자재로 잘 쓸 수 있는 신체운동지능

세계적인 축구 스타 박지성, 피겨 스케이팅으로 전 국민에게 감동을 안겨 준 김연아, 자신의 성을 딴 '양1', '양2'의 도마기술을 만들어 도마의 신이라 불리는 체조의 양학선, 리듬 체조로 국민 요정이 된 손연재는 전 세계를 무대로 활동하고 있는 스포츠 선수들입니다. 이들이 신체운동지능이 아주 높은 사람들임을 그 누구도 부인할 수 없을 것입니다.

신체운동지능은 자기 몸을 잘 통제하고 균형과 민첩성 등을 조절하여 신체를 잘 활용하는 능력입니다. 신체운동지능이 뛰어난 사람들은 반사신경이 좋습니다. 수공예, 조립 등 손재주가 있고 물건을 다루는 솜씨가 섬세하기도 합니다. 몸의 균형감각과 촉각 또한 발달되어 있습니다.

신체운동지능이 좋은 아이들은 교실에서 수업을 할 때 다소 산만해 보일 수 있습니다. 몸을 움직거려야 하는데 실내에서는 제재를 많이 받기 때문에 마음대로 움직일 수 없어서입니다. 반면에 운동장 수업을 하는 체육시간이나, 만들기를 하는 공작시간이나, 실험시간에는 펄펄 날아다닙니다.

신체운동지능이 좋은 친구들은 게임에서도 두각을 나타냅니다. 특히 몸을 쓰는 게임을 좋아하고 잘 합니다. 춤을 출 때 춤 동작을 쉽게 배우고 잘 표현합니다. 음악줄넘기나 태권도, 농구, 축구, 검도, 권투, 수영 등 다양한 운동을 꾸준하게 즐기고 잘 하기 때문에 원하는 만큼의 능력을 향상할 수 있습니다. 그리고 운동을 하고 난 후 상쾌한 마음으로 학업에 몰두하기도 합니다.

연극을 할 때, 신체표현을 할 때, 역할극을 할 때 몸을 이용해서 잘 표현해 낼 수 있어 다른 친구들이 미처 표현해 내지 못하는 것들까지도 몸으로 표현해 냅니다.

다른 사람들이 몸으로 할 수 없는 독특한 표현들도 잘 합니다. 무술 또한 잘 익힐 수 있습니다. 신체운동지능이 높은 사람은 사회활동에 적극적이기도 합니다. 청소년기 이후, 친구들과 함께하는 또래 모임 또는 동호회에서 하는 신체운동 등은 대인관계지능이나 자기이해지능, 그리고 자존감을 높일 수 있습니다.

신체운동지능이 높으면
무슨 일을 하면 좋을까요

신체운동지능이 발달한 사람들은 스포츠와 관련된 일을 잘 할 수 있습니다. 그 외에도 튼튼한 몸은 모든 일의 기본이기도 합니다. 민첩하거나 강인하거나 순발력 있는 신체를 가지고 있다면 훨씬 편하고 안전하게 생활할 수 있습니다. 그리고 모든 진로가 신체적인 능력을 요구하기 때문에 다른 활동에도 영향을 미칠 수 있습니다.

의료 관련 직업도 잘 수행해 낼 수 있습니다. 의료 관련 진로로는 외과의사, 치기공사, 한의사, 물리치료사, 안경사, 교정보정 등 손의 움직임이 세밀하게 작용할 수 있는 일들이 있습니다.

예술 관련 진로로는 악기연주가, 비보이나 비걸, 악기제작사, 미술가, 메이크업아티스트, 공예가, 조각가, 판토마이머 등이 있습니다. 음악지능이 뛰어나도 신체운동지능이 높지 않다면 악기 연주에 한계성을 보이며 비보이나 비걸을 하기에도 무리가 있습니다. 악기를 제작할 경우에도 수준 높은 기술을 요구하는 섬세한 작업에는 한계를 느낄 수 있습니다.

언어 관련 진로로는 스포츠기자, 스포츠심판, 스포츠 기록분석 연구원, 레크리에이션 강사 등이 있습니다. 스포츠기자는 스포츠에 대한 지식이 많고 글을 잘 쓸 수 있는 능력이 있어야 합니다. 스포츠에 그다지 관심이 없다면 넘치는 열정으로 이 일을 해 내기는 쉽지 않을 것입니다. 스포츠심판이나 스포츠 기록분석연구원 등도 운동을 좋아하고 운동에 대한 해박한 지식이 있어야만 가능합니다.

경영 관련 진로로는 스포츠에이전트, 스포츠마케팅 등이 있습니다. 요즘은 스포츠도 상업화·전문화 되어 있어 전문선수의 발굴, 일정 관리, 홍보, 소속팀 연결, 스포츠 행사 등을 하려면 전문 인력이 필요합니다. 경영 일반으로 접근하기 보다는 스포츠에 대한 깊은 이해와 사랑이 있다면 더 잘 할 수 있을 것입니다.

교육 관련 진로로는 수중재활운동가, 특수아동재활, 체육교사, 교수 등이 있습니다. 가르치는 일이 기본이기는 하지만 신체에 대한 특수 분야이므로 신체운동 지능 역시 필요한 일들입니다.

방송 관련 진로로는 댄스가수나 배우가 있습니다. 댄스가수는 피나는 노력을 통해 될 수도 있겠지만, 기본적으로 신체운동지능이 높아야 합니다. 신체운동지능이 높으면 더 쉽게, 더 빠르게, 더 어려운 동작들을 만들어 멋지게 보여 줄 수 있을 것입니다.

서비스 관련 진로로는 스포츠 마사지사가 있습니다. 마사지를 잘 하려면 몸에 대해 잘 알아야 합니다. 그리고 서비스를 받으려는 사람들의 몸에 적절한 처치를 하기 위해서는 신체운동지능이 필수입니다.

운전 관련 진로로 방향을 잡을 수도 있는데 그 일은 기관사, 버스, 택시운전사, 파일럿, 항해사, 레이싱머캐닉 등이 있습니다. 이런 일들은 위험한 순간에 본능적으로 대처할 수 있는 능력이 필요합니다. 다시 말해, 반사 신경이 좋아야 합니다. 위험한 순간이야말로 신체운동지능이 꼭 필요합니다.

1차 산업인 농업이나 임업, 어업, 축산업도 신체운동지능이 발달해야 잘 할 수 있습니다. 체력이 바탕이 안 된다면 해 내기 어려운 일들입니다.

보안 관련해서는 경호원이나 경찰관, 소방관, 직업군인 등의 일을 잘 할 수 있습니다. 주된 업무가 몸을 써서 남을 보호하거나, 위험에 처한 사람을 구하거나, 적과 싸우는 일이기 때문입니다.

신체운동지능과 더불어 자연 탐구 지능도 높으면 탐험가를 할 수 있습니다. 탐험을 잘 하기 위해서는 튼튼한 체력과 민첩하게 반응할 수 있는 몸이 기본입니다.

패션 관련해서는 모델이나 피팅모델이 있는데 무대 위에서 유연한 움직임을 보여주기 위해서는 멋진 몸과 튼튼한 몸, 몸의 다양한 활용성이 필요합니다.

보건 관련해서는 요가를 진로로 잡을 수 있습니다. 자유로운 몸의 움직임이 돋보이는 요가 강사는 뻣뻣한 신체로는 하기 힘든 직업입니다.

신체운동지능을 높이기 위해서는
어떻게 해야 할까요

1) 많이 노는 게 제일 좋아요

신체운동지능이 낮은 친구들은 운동을 썩 좋아하지 않습니다. 하지만 신체운동지능이 아주 낮으면 일상생활을 할 때 불편하기 때문에 불편하지 않을 정도는 돼야 합니다. 그러기 위해서는 친구들과 함께 많이 놀아야 합니다. 춤이나 체조 등 몸동작으로 표현하는 것도 좋습니다.

바깥놀이는 대근육을 발달시키는데 좋습니다. 그러니 실내에서만 있지 말고 바깥에서 다른 친구들과 함께 놀아보세요. 블록 만들기나 공작활동, 인형오리기, 진흙 놀이, 색종이 접기, 공기놀이등도 좋은데 이런 것들은 손의 정밀한 조작들을 좋게 하는 소근육을 발달시켜줍니다.

2) 몸을 이용해 표현해 봅니다

공부를 할 때도 눈으로만 보고 외우기보다는 배운 내용에 대해 반복적으로 쓰면서 공부하면 좋습니다. 배운 내용을 신체를 이용해 표현해 보는 것도 좋습니다. 오감을 이용해 사물을 관찰하면 공부에 대한 몰입도가 더욱 높아집니다. 공부하는 중간 중간에 몸을 풀 수 있는 시간을 가지면 집중이 더 잘 됩니다. 신체표현의 기회를 가질 수 있도록 운동회나 학예회 등에 적극적으로 참여를 하는 것도 좋습니다. 신체운동지능이 높은 친구들은 더욱 적극적이 될 테고 그렇지 않은 친구들도 신체운동지능을 높일 수 있는 기회가 될 것입니다.

3) 스포츠 경기나 무용, 연극 등을 자주 관람합니다

운동에 대한 관심을 높이기 위해서는 자주 관람하는 것도 좋습니다. 관심을 갖게 되면 좋아지고 좋아지면 참여하고 싶어지니까요. 혼자 가기 싫으면 친구들과 같이 가서 현장의 뜨거운 열기를 느껴 보고, 자신이 좋아하는 스포츠 선수에게 뜨거운 응원도 보내 봅시다. 그러다 보면 운동하고 싶은 욕구가 팍팍 생겨나지 않겠어요.

무용을 보고 아름다움에 취해 무용가가 되고 싶을 수도 있겠지요. 연극도 무대 위에서 직접 공연을 해야 하는데 대사 전달력도 좋아야 하겠지만 신체로 전달되는 면이 많이 있습니다. 연극을 배워보는 것도 신체 표현에 많은 도움이 됩니다.

4) 다양한 운동을 해 봅니다

어려서부터 다양한 운동을 배우면 좋습니다. 축구단이나 농구단 등에서 활동하면 스포츠에 대한 관심도 생기고 능력을 발휘할 기회도 생깁니다. 스포츠 선수가 되기 위해서는 인내력이 필요하고, 반복적인 노력을 두려워하거나 게을리 해도 안 되기에 승부욕이나 근성을 기르는 것도 좋습니다.

방과 후에 운동을 한두 가지 정도 배워볼 시간은 있을 겁니다. 다양하게 경험해 보고 자신에게 맞는 운동을 찾아보세요. 꾸준히 노력하면 몸도 건강해 지고 스트레스도 풀려 건강한 몸과 정신을 가질 수 있을 겁니다.

신체운동지능을 높이는데 도움이 되는 책

1) 운동선수와 무용가에 대한 책

신체운동지능이 발달한 스포츠 선수들을 매체를 통해서 많이 만나 볼 수 있습니다. 주로 방송에서 만나게 될 경우가 많지만, 책으로도 만나볼 수 있습니다. 《더 큰 나를 위해 나를 버리다》에서는 축구선수 박지성을 만날 수 있습니다. 박지성 선수는 최고의 선수가 되겠다는 생각을 버리고 자신만의 강점으로 무장한 '유일한' 프로페셔널이 되기로 결심하는 순간, 성공의 길이 열렸다고 합니다.

박지성 선수는 잘 알려진 대로 축구선수로서의 결함인 평발을 극복해 냈습니다. 신체 조건을 따졌다면 축구선수를 선택하지 않았겠지요. 결국은 강한 정신력과 위기에 대처하는 능력, 주어진 기회를 자신의 것으로 만들어 내는 능력이 오늘의 박지성 선수를 만들어 낸 것입니다.

발레리나 강수진은 아름다움 모습보다 딱딱한 굳은살투성이의 발로 더 유명합니다. 발에 굳은살이 박이도록 끊임없이 노력해 국립 발레단 예술 감독으로 취임한 발레리나 강수진은《나는 내일을 기다리지 않는다》에서 만날 수 있습니다.

2) 경찰·군인·소방관에 대한 책

신체운동지능은 무슨 일을 하던 꼭 필요하지만 보다 크게 작용하는 진로가 있습니다. 바로 경찰과 군인, 소방관입니다.《딩크 덩컨과 미스터리 수사대》에서는 어린이 수사대의 활약상을 그려내고 있습니다. 수사대가 되기 위해서는 관찰력, 추리력이 뛰어나야 하고 위급한 상황에서도 침착함과 용기를 잃지 않아야 합니다. 이 책에 나오는 초등학교 4학년 미스터리 수사대는 마을에서 벌어지는 다양한 사건을 논리정연하게 해결해 나갑니다. 범인을 쫓거나 맞서야 할 경우 강인한 체력은 기본이겠지요.

《한국의 역사를 바꾼 전투》에서는 위대한 장군들을 만날 수 있습니다. 한국의 역사를 바꾼 중요한 전투 이야기로 가깝게는 일제강점기 독립군의 투쟁부터 고구려, 백제, 신라의 삼국시대 이야기까지 들어 있습니다. 전쟁은 힘뿐만이 아니라 지혜의 대결이라 할 수 있습니다. 전략과 전술이 어떻게 세워져야 하는지도 알려 줍니다. 나라를 위기에서 구하는 위대한 장군들의 뛰어난 지혜와 애민 사상을 만나 볼 수 있습니다.

위급한 상황에서 떠오르는 번호 119. 소방서는 언제나 긴장감이 흐릅니다. 언제 무슨 일이 일어날지 모르기 때문입니다. 소방관들은 불이 나거나 위급한 상황에서 사람들을 구해 내야 합니다. 《출동! 소방차가 나가신다》에서는 소방관들이 어떤 일들을 하는지, 어떤 소방도구들이 있는지 알려주고 있습니다. 소방관은 위기에 빠진 사람들을 구해내야 하니 위기 대처능력이나 민첩성, 강인한 체력이 필수랍니다.

3) 농업인, 어부, 탐험가에 대한 책

신체운동지능이 좋으면 1차 산업에 종사하기 쉽습니다. 지금은 기계화 되고 정보화 되어 있다고 해도 기본적으로 몸을 많이 움직여야 하는 것은 당연한 일입니다. 영국은 나라가 아무리 발전한다 해도 먹고 살기 위해서는 식량이 필요하기 때문에 자국의 식량 자급율을 100%로 끌어 올렸다고 합니다. 우리나라도 귀농해서 농사짓고 살고자 하는 사람들이 늘어나고 있습니다. 그러나 신체가 건강하지 않으면 이상에 그칠 수밖에 없습니다.

《청라 이모의 오순도순 벼농사 이야기》에서는 농기구의 이름도 잘 모르고, 어떻게 해야 하는지도 잘 모른 채 귀농한 청라 이모의 첫 벼농사 이야기를 만나볼 수 있습니다. 농부들의 수고와 밥 한 그릇의 고마움, 자연의 고마움, 벼의 한 살이, 절기마다 벌어지는 재미난 일들이 담겨있습니다.

《영차영차 그물을 올려라》는 어촌 마을의 이야기를 담은 책으로 어부의 하루를 만날 수 있습니다. 배의 모양새나 장비, 바다로 나갈 때의 준비물, 날씨의 중요성을 알려 줍니다. 어부는 바다가 때로는 무서울 때도 있지만, 바다 덕분에 자녀를 먹이고 키우고 가르치니 바다도 물고기도 모두 모두 고맙다고 합니다.

물고기를 잡으러 먼 바다로 가지 않아도 바다에서 물고기를 길러 원할 때 원하는 만큼 잡을 수 있는 방법도 있습니다. 《바다목장이야기》에서는 이러한 방법을 알려줍니다.

신체가 튼튼하다면 탐험가의 길을 갈 수도 있습니다. 지금은 히말라야를 등반한 사람들도 점점 많아지고, 세계의 3극점을 다 탐험한 사람들도 많아지고 있습니다. 더 나아가 우주 탐험에 나서는 사람들도 있습니다. 이는 신체적 한계에 도전하는 사람들이 늘어나고 있기 때문입니다. 《세상 모든 탐험가의 탐험이야기》에서는 인간의 한계에 도전하는 위대한 탐험가들을 만날 수 있습니다.

5) 스포츠에 대한 이해를 도와주는 책

야구에 대한 이야기 《한 손의 투수》도 읽어봅시다. 어릴 적부터 멋진 투수가 꿈이었던 노먼은 아빠의 정육점에서 사고로 왼손을 잃게 됩니다. 야구선수로서의 꿈을 버릴 수 없었던 노먼은 꾸준히 노력해 자신만의 야구를 터득하게 됩니다. 그런 노먼 뒤에는 노먼이 혼자 이겨낼 수 있도록 함께 했던 어머니가 있었습니다. 어려운 상황에 굴복하지 않고 늘 긍정적으로 바라보는 노먼의 유쾌함이 기분 좋게 만들어주는 책입니다.

6

다른 사람과
잘 어울리게 도와주는
인간친화지능

처음 보는 친구와 금방 말을 잘 하는 친구, 늘 친구들에 둘러싸여 있는 친구는 사교성이 좋다는 말을 듣습니다. 유치원이나 초등학교 생활에서도 유난히 친구를 많이 만들고, 조별 학습을 잘 이끌어 나가는 일명 '분위기 메이커'가 있습니다. 이런 친구들은 인간친화지능이 높습니다. 인간친화지능은 타인의 기분이나 감정을 잘 이해하고 타인과 인간관계를 맺는 능력입니다.

보통 인간친화지능은 성공 지능이라고 합니다. 우리의 삶이 타인과의 관계 속에서 펼쳐지는 것을 생각해 보면 일리 있는 말이라 생각합니다. 인간은 사회적 동물이라는 말처럼 사회적 관계는 가정에서부터 시작해 평생 이어집니다. 이 능력은 특히 집단 프로젝트를 행할 때 필요하고, 응집력의 중심이 되며 지도력으로 다른 사람들을 이끕니다.

피드백을 하는 것이나 인내력이나 결속력이 대인관계능력의 핵심 능력입니다. 한 가지 주의해야 할 것은 인간친화능력이 높은 아이들 중에 모든 상황을 자기중심으로 이끌어가는 경우도 있다는 것입니다. 진정한 인간친화지능은 자신뿐만 아니라 다른 사람에게도 이득이 되는 방향으로 나타나야 바람직하겠지요.

요즘은 상급학교 진학 시 리더십을 중요하게 생각합니다. 특히 대학 입학 시 학생부종합전형의 비교과 활동란에 리더십을 발휘한 것을 적을 수 있습니다. 동아리를 만들어 잘 이끄는 것도 리더십의 발현입니다. 반장, 부반장, 회장, 부회장도 리더십의 발현이지만, 점수를 얻기 위해 선택한 것이라면 직책을 맡고 있는 내내 정신적으로 힘든 시간을 보내게 될 것입니다. 직책을 맡는 것이 중요한 것이 아니라 그 직책을 얼마나 성공적으로 수행했나가 중요합니다.

인간친화지능이 높으면
무슨 일을 하면 좋을까요

인간친화지능은 어떤 일을 할 때, 그 일을 더 잘 할 수 있도록 만들어 주는 능력입니다. 다른 사람과 어울려 하는 일들이 많기 때문에 인간친화능력은 꼭 갖추어야 할 능력입니다.

법률 관련 진로로는 변호사, 검사, 판사, 변리사가 있습니다. 그 중에 변호사나 변리사는 인간친화지능이 더욱 높아야 합니다. 변호사나 변리사는 의뢰인과 직접 대면하는 일을 하기 때문에 좋은 관계에서 원활하게 일을 풀어 나가려면 인간친화지능이 높아야 합니다.

보건·의료 관련 진로로는 의사, 병원코디네이터, 호스피스 전문 간호사, 치위생사, 간호사, 약사, 노인복지사가 있습니다. 의사의 경우, 혼자만의 능력으로 자신이 드러나지는 않습니다. 환자가 없다면 의사도 필요 없으니까요. 의사는 많은 환자들을 대면해야 하는데 그들을 이해하거나 그들과 함께 하는 것을 못한다면 의사로서의 삶이 즐겁거나 보람 있기는 힘들 것입니다. 환자나 노인들을 돌보는 직업군은 인간친화지능이 높으면 더 훌륭하게 수행해 낼 수 있을 것입니다. 환자들은 주의 깊게 들어주는 의사를 더욱 신뢰하기 때문입니다.

운동 및 보안 관련 진로로는 운동경기감독이나 코치, 운동선수, 경호원, 경찰관, 직업군인, 소방관 등이 있습니다. 운동경기는 혼자하기 힘듭니다. 개인 경기라 할지라도 옆에서 코치가 도움을 줘야 합니다. 단체 경기는 두말할 필요도 없고요. 따라서 감독이나 코치와 의견을 교환하기 위해서는 평상시에 두터운 인간관계를 쌓아두는 것이 좋습니다. 단체 경기의 경우 팀워크가 중요하기 때문에 인간친화지능이 높으면 높을수록 좋습니다. 경호원은 의뢰자와의 관계가 원활해야 하고 경찰관이나 직업군인, 그리고 소방관도 주변 사람들에게 봉사하는 마음을 갖고 조직 생활을 하면 더욱 잘 할 수 있습니다.

경영 관련 진로로는 협상가, CEO, CTO, 컨설팅전문가, 마케팅 전문가, 영업홍보, 이벤트홍보, 상품판매원, 헤드헌터, PR 매니저, 입소문 마케팅 매니저, 블로그 광고 AF, 브랜드컨설턴트 등이 있습니다. 경영은 이윤을 추구하는 일이기 때문에 상대방과의 관계가 무척 중요합니다. 자신의 이익을 챙기면서 일을 성사시키기 위해서는 상대방의 마음을 잘 읽어야 합니다.

대인 전문직 서비스 관련 진로로는 지배인, 비서, 전문상담사, 승무원, 안내원, 바텐더, 웨딩플래너, 커플매니저, 웰빙테라피스트, 웃음치료사, 연극놀이강사, 호텔컨시어즈, 퍼스널쇼퍼 등이 있습니다. 일 자체가 다른 사람을 위한 일들이고 여러 사람과 함께 하는 일이기 때문에 인간친화지능이 무엇보다 중요합니다. 특히, 사람들의 마음을 읽고 치유해 주는 일은 매우 값진 일이라 할 수 있습니다.

교육 관련 진로로는 교사, 강사, 교수, 입학사정관 등이 있습니다. 가르치는 일이라 가르치기만 잘 하면 문제가 없을 것 같지만 늘 학생들과 만나 함께 해야 하기 때문에 인간친화지능이 필요합니다.

기획 전문 관련 진로로는 홍보전문가, 행사 기획자가 있는데 이 역시 혼자 할 수 없는 일입니다. 얼마나 많은 사람을 동원할 수 있느냐가 관건이기 때문입니다.

언론 관련 진로로는 기자, 리포터, 특파원 등이 있습니다. 이 일 자체가 취재원을 만나 이야기를 풀어나가야 하기 때문에 끈기나 승부욕뿐만 아니라 인간친화지능이 필요합니다.

인간친화지능을 발휘할 수 있는 공무원으로는 외교관이나 국제공무원이 있습니다. 다른 나라의 문화와 정치, 종교, 경제 모든 부분에 대한 수용이 있어야 좋은 성과를 얻을 수 있는 직업입니다. 외교관이나 국제공무원은 각 나라에 파견되어 주재국에 대한 정보 수집과 보고를 담당합니다. 그 나라의 핵심 정보는 사람에게서 나오기 때문에 인맥구축이 중요합니다. 특히 외교관의 경우 공감 능력이 필요합니다. 세계에서 벌어지는 자연재해나 질병, 기아문제를 공감하지 못하면 외교가 불가능해지고 상대국과 협상 할 때도 공감능력이 필요합니다. 공감능력을 키우기 위해서는 다른 사람과 잘 어울리고 매사에 긍정적 태도를 가져야합니다. 그리고 다양한 지식을 갖추어야 함으로 독서를 게을리 해서는 안 됩니다.

종교 관련 진로로는 성직자, 목회심리학자가 있습니다. 이들은 사람들을 만나고 그들을 종교의 세계로 이끄는 일을 합니다. 사람들은 종교지도자들이 따뜻하고 인자하기를 바랍니다.

투자 및 분석전문 관련 진로로는 펀드매니저, 증권중개인, 투자분석가, 보험계리사, 리서치기관종사자가 있습니다. 고객을 관리하고, 영입하고, 투자나 의견을 이끌어 내는 것이 주 업무입니다. 이런 일들을 하기 위해서는 경제에 대한 지식을 갖추고 있어야 하고 사회에 대한 관심도 있어야 합니다.

방송 관련 진로로는 연예인, 방송연출가가 있습니다. 혼자서 프로그램을 만들 수는 있겠지만, 좋은 프로그램은 혼자서 만들기 어렵습니다. 프로그램에 출연하는 연예인들과의 관계를 잘 풀어 나가면 좋은 분위기에서 좋은 작품을 만들 수 있습니다. 작가, 조연출, 카메라 감독 등이 함께하는 작업하기 때문에 소통 능력이나 포용력이 필요합니다.

음악 관련 진로로는 교향악단원이 있습니다. 교향악단은 단원끼리의 하모니가 중요합니다. 그리고 음악으로 다른 사람에게 위로와 평안을 주려면 다른 사람을 배려하는 마음을 가지고 있어야 합니다.

인간친화지능을 높이기 위해서는 어떻게 해야 할까요

1) 함께하는 그룹 활동을 해요

스포츠클럽에 가입을 한다든지 리더십 교육 프로그램에 참여 하면 좋습니다. 공부는 혼자 하는 것보다 소수의 그룹 속에서 서로의 의견을 교환 하면서 하는 것이 더 효과적입니다. 이때, 형식적인 발표보다는 자연스럽게 이야기하는 식으로 의견을 표출하면 학습 분위기를 더욱 좋게 만들어갈 수 있습니다.

팀워크에 자주 참여하는 것도 좋습니다. 요즘은 수업이나 평가 방식이 팀으로 이루어지는 경우가 많습니다. 다른 사람과 잘 어울려 효율적인 결과를 내는 것을 중요하게 여기는 시대이기 때문입니다. 혼자하면 더 많은 성과를 올릴 수 있을지는 몰라도 팀워크를 키울 수는 없습니다. 그러므로 함께 하는 활동에 자주 참여해야 합니다.

2) 토론을 많이 해요

토론에 참여해 다른 사람과 의견을 나누어 보는 것도 큰 도움이 됩니다. 토론이란 자신의 의견을 관철시키기 위해 주장하는 것보다 잘 듣는 것이 기본입니다. 자신의 의견은 잘 말하지만 잘 듣지 못해 토론의 흐름을 놓치는 경우가 의외로 많습니다. 잘 들어야 상대방의 의견의 핵심을 파악할 수 있고 어떤 방식으로 이야기를 해야 상대방을 설득할 수 있는지도 알기 때문에 토론을 할 때는 반드시 상대방의 의견을 잘 들어야 합니다.

3) 봉사에 참여해요

인간친화지능이 발달하지 않은 사람은 낯선 환경에 처하는 것을 싫어할 수 있습니다. 이럴 때는 가족을 돌보는 일부터 하거나, 인원수가 적은 그룹에 편한 마음으로 참여 하는 것이 좋습니다.

앞에 나서서 이끄는 것이 힘들다면 봉사단체에 참여해 소리 없이 봉사를 시작해 보는 것도 좋습니다. 다른 사람들을 도와주면서 느끼는 행복감이 인간친화지능을 높여 줄 것입니다.

종교 활동을 통해 교인들의 사랑과 이해 속에서 관계를 맺어보는 것도 도움이 될 것입니다. 사람들과 관계를 맺는 것은 사람을 이해하는 능력을 키우는 좋은 방법입니다.

4) 책 속 등장인물의 심리를 파악해 봐요

책을 읽고 책 속의 등장인물의 심리 상태를 파악해 보고 각 사람들의 입장에서 생각해 보는 것도 좋습니다. 책 속 인물이 왜 그런 행동이나 결정을 했는지 생각해 보고, 나라면 어떻게 할 것인지 글로 써 보거나 역할극을 해 볼 수도 있습니다.

인간친화지능을 높이는 데
도움이 되는 책

1) 다른 사람을 알게 해 주는 책

인간친화지능을 높이는 것은 가족 간의 긴밀한 관계에서부터 시작됩니다. 가족 안에서 친밀함과 신뢰가 형성되면 친척으로, 타인으로 점점 더 확장될 수 있습니다. 친척을 잘 알기 위해서는 촌수 관계부터 명확하게 아는 것이 중요합니다. 《촌수박사 달찬이》에는 자신보다 두 살이나 어린 이모 때문에 호칭에 관심을 갖게 된 달찬이의 촌수 계산법이 나옵니다. 삼촌이 왜 삼촌인지, 오촌이 왜 오촌인지 알 수 있습니다. 삼촌이 결혼하면 작은 아빠가 된다는 것과 같은 일을 재미있는 이야기로 풀어내고 있습니다.

세상 모든 사람들이 친화적인 마음을 갖는다면 전쟁 같은 불행한 일들은 적어질 것입니다. 세계인들을 이해하기 위해서는 《온 세상 사람들》을 읽어보면 좋습니다. 첫 장면에서는 아담과 이브가 벌거벗은 모습으로 아름다운 자연 속에 있는 그림이 나옵니다. 그리고 그리스 시인 메나드로스의 말이 나옵니다. "아무리 생각해 봐도 '너 자신을 알라.'는 말은 옳지 않다. 차라리 '다른 사람을 알라!'가 더 쓸모 있는 말이다." 세상에는 수많은 사람들이 살고 있습니다. 그 사람들이 좋아하는 음식, 쓰는 말과 글, 섬기는 신들은 모두 다릅니다. 어느 것이 우월하거나 열등하다고 말할 수는 없습니다. 메나드로스의 말은 이런 정신을 함축적으로 잘 표현하고 있습니다.

2) 변호사, 의사가 되어 인간친화지능을 펼쳐낸 책

인간친화지능을 활용해 사회인으로 활동하기 좋은 진로로는 법조인이 있습니다. 그 중에서도 의뢰인의 마음을 잘 읽고 공감해 주어야 하는 변호사가 있습니다. 변호사로서 억울한 사람들을 돕고 산 조영래 변호사를 다룬 책으로 《인권변호사 조영래》가 있습니다. 변호사가 되어 명성이나 부를 쌓을 수도 있지만, 힘이 없는 사람들을 도울 수도 있습니다.

의료계는 사람의 생명을 다루고 있습니다. 따라서 따뜻한 시선으로 사람들을 바라볼 수 있는 마음이 필요합니다. 의사로서 사람만 고치는 것이 아니라 세상을 고치고 싶어 한 사람들의 이야기를 읽어 보면 어떨까요. 《세상을 고친 의사들》에서는 의사로서의 역할을 폭넓게 생각할 수 있도록 해 주는 7명의 의사를 만날 수 있습니다.

3) CEO, 종교인으로 인간친화지능을 펼쳐낸 책

세계적인 CEO로 손꼽히는 사람 중에 빌게이츠가 있습니다. 《꿈꾸는 부자 빌 게이츠》를 통해 세계에서 가장 존경받는 기업인 1위, 세계 최고의 기부왕을 만나 그가 어떻게, 왜 그런 사람이 되었나를 알아봅시다.

혼자서만 잘 살면 안 된다는 것은 《세상을 바꾼 착한 부자들》을 읽어보면 알게 됩니다. 칼레의 시민을 죽음에서 구하기 위해 용기를 낸 외스타슈드, '타인능해'라는 아무리 쌀을 퍼가도 바닥이 보이지 않는 신비로운 쌀독을 만들어 배곯는 사람들을 없앤 부자 류이주의 이야기를 비롯해 '세이브더칠드런'이라는 단체를 만들어 적국의 어린이까지도 가리지 않고 도와주는 삶을 살고 있는 에글레타인 젭 여사의 용기도 만날 수 있습니다. 혼자만 잘 살기보다는 함께 잘 사는 세상을 만들어나가고자 하는 마음이 진정한 인간친화지능이

겠지요.

인간친화지능이 높은 사람들은 성직자가 되어 많은 사람들에게 사랑을 베푸는 삶을 살 수도 있습니다. 《김수환 추기경의 사랑의 힘》은 2009년 2월 16일 타계해 전 국민의 추모를 받은 김수환 추기경의 사랑과 나눔, 평등의 정신을 만나 볼 수 있습니다. 김수환 추기경의 어린 시절부터 추기경이 되기까지의 시련과 과정, 가난하고 소외된 이들을 위해 마지막까지 실천했던 사랑이 잘 나타나 있습니다.

4) 인간친화지능의 영역을 넓히도록 도와주는 책

정치가도 인간친화지능이 있어야 합니다. 정치라는 것 자체가 더 나은 세상을 만들기 위한 것이기 때문입니다. 더 나은 세상을 만들어 나가는데 사람이 빠질 수 없습니다. 특히, 소외된 계층을 위한 정치를 펼쳐서 다 같이 잘 사는 나라를 만들어 나가야 합니다. 그러기 위해서는 정치에 대해 관심을 갖고 있어야 합니다. 정치는 일상생활 속에서도 이루어진다는 것과 정치가 왜 필요한지 깨닫게 해 주는 책으로 《꼬불꼬불 나라의 정치이야기》가 있습니다. 팔자수염을 기르고 있는 수염왕은 정치를 잘 몰라 왕 자리에서 쫓겨났습니다. 수염왕이 정치는 서로 다른 생각을 가진 사람들이 함께 행복하게 살려고 노력하는 거라는 것을 알았다면 쫓겨나지 않았을지도 모릅니다.

인간친화지능은 아이들을 가르치는 교사의 기본 자질입니다. 아이들을 진정으로 귀하게 여기고 그들과 마음으로 소통하고 함께 울고 웃고 해야하기 때문입니다. 《선생님, 우리 얘기 들리세요?》는 오랫동안 초등학교 아이들을 가르쳐 온 롭 부예가 아이들과 함께 쓴 동화입니다. 이 책 속의 테얼트 선생님은 반 아이들과 날마다 새로운 수업을 만들어 나갑니다. 아이들은 처음 부임한 선생님을 만만하게 보았습니다. 그러나 선생님의 따뜻한 마음, 자신들에 대한 애정과 관심을 보고서는 결코 만만한 선생님이 아님을 알게됩니다. 선생님의 수업은 아이들의 삶을 바꾸어 놓습니다.

《5학년 2반 오마리 외교관되다》에서는 외교관뿐만 아니라 글로벌 시대에 국제무대를 누비며 일하는 국제기구 종사자, NGO 활동가 등이 등장합니다. 모두 주인공 오마리가 겪게 되는 직업입니다. 이야기 형태로 되어 있어 읽기가 쉽습니다. 이 책을 읽으며 국제적인 시야를 키워보면 어떨까요.

7 자기 자신을
잘 아는
자기이해지능

자기 자신의 상태를 잘 아는 아이들이 있습니다. 무엇을 잘 할 수 있는지 무엇이 부족한지 자신의 마음의 상태가 어떤지를 정확히 압니다. 이처럼 자기이해지능은 자신의 느낌과 기분을 잘 파악하고 적극적인 행동을 하는 능력입니다.

자기이해지능은 자신이 어떤 분야에 재능이 있고, 무엇을 하고 싶은지 스스로 알아서 목표를 세우는데 중요한 능력입니다. 자기이해지능은 사회적으로 성공한 사람들에게 높게 나타납니다.

자기이해지능이 높은 사람은 자존감이 올라갈 확률이 높습니다. 자기이해지능이 높으면 역경에 부딪혔을 때 좌절하기보다 긍정적인 사고방식으로 해결점을 찾습니다.

자기 자신을 잘 이해해야 자신에게 맞는 진로를 잘 찾을 수 있기에 자기이해지능은 성공지능이라 불립니다. 많은 학생들이 자신을 잘 알지 못합니다. 조금 밖에 모르는데 다 안다고 생각하든지 많이 알면서도 조금 밖에 모른다고 생각하는 경우가 많습니다. 자신의 상태를 정확히 아는 것, 이것이 바로 자기성찰지능입니다. 자신을 정확히 알아야 공부도 정확히 할 수 있습니다.

대한민국 상위 1% 학생들의 비밀을 풀어 낸 방송 프로그램이 있었습니다. 그 프로그램에서는 상위1% 학생과 그렇지 않은 학생을 비교 실험했습니다. 관계없는 단어를 쭉 불러주고 몇 개나 기억하는지 적어내는 실험이었습니다. 적어내기에 앞서 몇 개를 맞출 것 같은지 예측을 하게 했습니다. 예측과 결과 사이에 어느 정도의 차이가 있는지를 알아보기 위함이었습니다. 놀랍게도 상위 1%의 학생들은 90% 정도가 자신의 예측 개수와 실제 맞춘 개수가 일치했습니다. 그런데 비교 집단의 학생들은 대부분이 자신의 예상 점수와 큰 차이가 있었습니다. 상위 1%의 학생들보다 더 많이 맞춘 학생들도 있었지만 자신의 예상 점수는 정확히 예측을 못했습니다. 암기 능력은 있으나 자신의 능력을 제대로 알고 있지 못하고 있다는 것을 보여준 것입니다. 결국 상위 1%의 학생과 그렇지 않은 학생들의 차이는 공부하는 능력의 차이라기보다는 자신을 정확히 알고 있는지 아닌지의 차이라고 할 수 있습니다.

자기이해지능이 높으면
무슨 일을 하면 좋을까요

어떤 방향의 진로를 선택하더라도 꼭 필요한 능력입니다. 자기 분야에서 성공한 사람들의 대부분은 그 분야와 관련된 지능과 함께 자기이해지능이 높은 경우가 많습니다. 그래서 자기이해지능은 무슨 일을 하든지 꼭 필요한 지능이라 생각해 별도의 지능으로 꼽지 않는 사람도 있습니다.

법률 관련 진로로는 변호사, 검사, 판사, 변리사가 있습니다. 자기이해지능이 높으면 다른 사람들의 심리도 정확하게 읽을 수 있을 것입니다. 이 직업들은 사람과의 관계 속에서 일어나는 일들을 밝혀내야 하니 자기이해지능이 있다면 더 잘 할 수 있습니다.

의료 관련 진로로는 정신과 전문의나 간호사, 약사, 병원코디네이터, 건강전문가, 실버전문가, 의료윤리전문가 등이 있습니다. 정신과 전문의는 사람들의 정신 상태, 마음 상태를 다루어야 하기 때문에 자신에 대한 분석이 먼저 이루어져야 합니다.

인문사회계열 관련 진로로는 철학자, 인문사회연구원, 심리학자, 명상가, 지식재산 전문가, 문화·홍보전문가, 사회보장법 전문가 등이 있습니다. 철학자는 존재 자체에 대한 의문에서 시작합니다. 자기성찰지능이 높으면 누가 묻기 전에 스스로의 존재에 대한 의문을 갖고 자신을 둘러싼 현상들에 대한 의문을 갖습니다. 이것이 철학자의 기본입니다.

자연과학계열 관련 진로로는 수학자, 자연과학연구원, 과학자, Lab매니저, 전문테크니션, 유비쿼터스 사이버 전문가 등이 있습니다. 수학자도 남과의 관계보다는 수의 세계 속에 깊이 들어갑니다. 아마 수를 통해 자신의 존재를 증명하려 들지도 모릅니다.

경영 관련 진로로는 전문경영인, 경영컨설턴트, 기술지원컨설턴트, 산·학·연 협력 코디네이터, 화폐금융전문가, 노동경제학, 국제자본, 시장전문가 등이 있습니다. 이는 많은 에너지가 필요한 일들입니다. 자신의 상태를 정확히 알아 수위를 조절하지 않으면 직업적 역할을 잘 해내지 못할 수도 있습니다.

공무원 관련 진로로는 외교관, 국제공무원, 고급공무원 등이 있습니다. 이 일들은 늘 자신을 성찰하고 올바른 길로 가고 있는지 스스로에게 질문을 해야 합니다. 그렇지 않을 경우 비리에 연루되어 명예롭지 못한 퇴장을 할 수도 있습니다. 늘 자신을 비추어 보고 올바른 길로 가고 있는지 성찰해 보는 것이 청렴한 공무원이 되는 길입니다.

언어 관련 진로로는 작가, 번역가, 통역가, 기자, 앵커, 전문방송인, 아나운서, 연설가가 있습니다. 대부분의 작품들은 작가의 자기성찰을 통해 탄생합니다. 자기 존재의 철학적 물음에 답하기 위해 작품을 쓰는 경우도 많습니다. 결국 좋은 책이라는 것은 이런 물음에 답할 수 있어야 하기에 작가에게 꼭 필요한 요소는 자기성찰지능입니다.

교육 관련 진로로는 교사, 강사, 교수 등이 있습니다. 자신을 정확히 알아야 남도 잘 가르칠 수 있습니다.

예술 관련 진로로는 내적 성찰이 필요한 예술가, 작가, 디자이너, 음악가 등이 있습니다. 내적성찰의 결과들을 밖으로 드러내어 사람들의 심금을 울리는 작품을 만들 수 있습니다.

수학 관련 진로로는 투자분석가, 펀드매니저, 환딜러, 여론조사 전문가, 자산관리사, 애널리스트, 금융수학전문가 등이 있습니다. 금융관련 업무는 스트레스를 많이 받습니다. 그러므로 늘 자신을 성찰해 스트레스를 다스리는 것이 중요하므로 자기성찰지능이 높아야 합니다.

대인 관련 진로로는 헤드헌터, 정치인, 직업군인 등이 있습니다. 군인은 명령에 의해 움직이는 것 같지만 최종적으로는 자신의 소리를 들을 수 있어야합니다. 해인사가 남아있고 팔만대장경이 남아 있는 이유는 한국전쟁 중에 상부의 폭발 명령을 거부한 한 군인의 양심 덕분이었습니다.

운동 관련 진로로는 감독이나 코치가 있습니다. 그 자리에 올라가기 위해서는 자신들 역시 선수 시절을 보냈을 것이고, 자신만의 방법을 연구해 특별한 결과들을 얻어냈을 것입니다. 자기성찰지능이 높은 선수들은 성공적인 감독이나 코치가 될 가능성이 높습니다. 조세 무리뉴 첼시 감독은 다른 사람들이 자신에 대해 뭐라고 하든

전혀 신경 쓰지 않는 자기 확신이 뛰어난 감독으로 유명합니다.

기획전문 관련 진로로는 광고 및 홍보전문가, 큐레이터 등이 있습니다. 광고와 같은 기획들은 다른 사람의 마음을 움직이지 못하면 성공할 수 없습니다.

IT 관련 진로로는 프로그래머, 프로게이머, 웹 개발자가 있습니다. 사람들의 욕구를 읽어 진정으로 원하는 바를 반영한 프로그램을 만들어야 인기를 얻을 수 있을 것입니다. 그러기 위해서는 자기성찰지능이 앞서야 합니다.

자기이해지능을 높이기 위해서는 어떻게 해야 할까요

1) 자기 자신을 들여다봐요

어려서부터 자신을 마주하며 '나는 누구인가?' 질문도 해 보고 자신의 장점과 단점을 찾아보며 장점은 더욱 개발하고 단점을 보완해나가는 것이 좋습니다. 자기 자신을 아는 것이 가장 어렵습니다. 자신을 알기에 가장 좋은 방법은 일기쓰기입니다. 일기를 쓸 때 자의든 타의든 자신을 자꾸 돌아보게 되니까요. 요즘은 명상단체들도 많이 있습니다. 그런 곳에서 본격적으로 자기 성찰을 해 보도록 하는 것도 좋은 방법입니다. 종교생활을 하면 기도 시간이 있습니다. 그

시간에 신 앞에 자신을 비추어 보며 잘못된 점이나 잘된 점을 비추어 보는 것도 자신을 돌아보는 계기가 될 수 있습니다.

2) 책 속 인물들에 자신을 비추어 봐요

위인전을 읽고 위인들에 대해 분석해 보는 것도 좋은 방법입니다. 위인들은 우연히 그 자리에 선 것이 아닙니다. 피나는 노력을 해서 그 자리에 선 것입니다. 위인들의 남다른 점을 찾아내서 자신의 장점으로 만들어 나가는 것도 좋습니다.

동화나 소설 속 인물들을 보며 내가 그들이었다면 어떻게 했을까? 다른 선택은 없었을까? 생각해 보는 것도 좋습니다. 독서감상문을 쓸 때는 자신의 이야기를 많이 쓰는 것이 좋습니다. 책을 읽고 난 후의 자신의 생각을 적는 것이 감상문이니까요. 자신의 이야기를 자꾸 쓰다보면 자신을 더 잘 알게 될 겁니다.

3) 여러 가지 검사를 통해 자신을 알아가요

요즘은 여러 가지 검사들이 있습니다. 학교에서도 여러 가지 검사를 할 것입니다. 검사로 끝내지 말고 검사 결과를 가지고 부모님과 진지하게 대화를 나누어 보세요.

어떤 친구들은 검사 결과가 자신이 생각했던 것과 다르게 나올 경우 '자신을 너무 몰랐던 게 아닌가?' 하고 고민하는 경우도 있습니다. 검사결과가 내 모든 것을 알려주는 것은 아니지만 어느 정도는 자신을 파악하는 데 도움이 됩니다. 이를 바탕으로 자신을 판단하고 생각할 수 있는 기회를 많이 가져 봅시다.

자기이해지능을 높이는 데 도움이 되는 책

1) 자기를 찾아가는 책

많은 동화들이 자신의 내면을 들여다보게 이끌어 줍니다. 그러므로 동화를 읽으며 자신에 대한 성찰을 해보면 자기이해지능이 많이 개발 될 수 있을 것입니다.

외면보다 내면의 힘이 강해야 함을 보여 주는 책으로《내 친구 아카시》가 있습니다. 아카시는 큰 산불로 폐허가 되어버린 산에서 산사태를 걱정하며 살아가는 마을이 배경입니다. 마을 어른들은 산사태를 어떻게 하면 예방할 수 있을지 고민을 합니다. 이때 영민이가 바쁜 어른들을 대신해 아이들과 나무를 심겠다고 나섭니다. 영민이는 아카시 나무를 심는데 아카시는 땅 속으로 뿌리를 튼튼히 뻗어 태풍에도 쓰러지지 않는다는 것을 잘 알고 있었기 때문입니다. 영민이는 자신이 심은 나무가 쑥쑥 자라지 않아 친구들에게 놀림을 받지만, 결국은 뿌리 깊은 아카시 나무가 산사태를 막아 마을을 구하게 되고 영민이는 칭찬을 받습니다. 겉보기보다는 내면의 가치가 더 중요함을 알려줍니다.

《나는 진짜 나일까?》에는 마음의 감기인 우울증을 앓고 있는 건주와 시우가 나옵니다. 아빠의 폭력에 시달리는 건주는 학교에서 거친 말과 행동으로 아이들에게 따돌림 당하고 선생님들에게는 골칫거리로 인식됩니다. 그런 건주가 시우를 만나 친구가 됩니다. 그러나 시우는 다른 친구 은찬이와 어울리며 건주를 배반하게 됩니다. 은찬이와 어울리며 건주의 진실을 알게 된 시우는 용기를 내어 진실을 밝힙니다. 이 책에는 진짜 우정과 가짜 우정, 어른들의 편견과 진실, 부모의 욕심과 사랑에 대해 묻습니다. 우리 아이들은 어떤 모습이고 부모님은 어떤 모습일지 비추어 볼 수 있습니다.

2) 철학적 사고를 도와주는 책

《와글와글 철학학교》에서는 사랑이 뭔지, 공부를 왜 해야 하는지, 규칙은 꼭 지켜야 하는지, 항상 어른들의 말씀을 들어야 하는지 등과 같은 질문들이 나옵니다. 이 책은 생활 속에서 생기는 궁금증을 그냥 흘려보내지 않고 스스로 생각하도록 해 줍니다. 이 책을 읽다 보면 궁금증에 대한 답을 찾아가며 자연스럽게 생각의 깊이와 자신만의 철학을 쌓아 갈 수 있습니다.

《나는 어떻게 생각을 할 수 있을까?》에서는 나는 과연 누구일까를 비롯해 내 손가락은 왜 다섯 개일까? 등 우리가 당연하게 생각해왔던 것들에 대한 의문을 다루고 있습니다. 이 책을 통해 자신에 대해 생각해 보고 답해 볼 수 있습니다.

3) 다양한 사람들을 만나게 해 주는 책

《멘토 52-최고가 된 사람들》에서는 새로운 일에 도전하는 용기, 희망을 잃지 않는 긍정적인 마음, 꿈을 향해 노력하는 열정, 가진 만큼 베풀고 나누는 삶, 가치 있는 삶을 만드는 지혜, 위기를 극복하는 강인한 정신력 등 인생을 살아가는 데 꼭 필요한 인성을 소개하고 있습니다. 자신이 갖고 있는 꿈을 이룬 멘토를 찾고 꿈을 향해 나아갈 수 있는 힘을 얻는데 도움이 됩니다. 자신의 진로와 관련해서 어떤 직업이 있는지를 알아보는 데에도 도움이 됩니다.

4) 다양한 직업의 세계가 담겨 있는 책

《자신만만 직업여행》에는 19가지의 직업이 나옵니다. 동화를 통해서 직업에는 귀천이 없음을 알려줍니다. 직업을 가지고 일을 할 때의 마음가짐이 어때야 하는지도 설명해 줍니다. 그리고 자신을 알기 위해서는 어떤 노력을 해야 하는지도 알려 줍니다.

《성격과 기질로 알아보는 어린이 직업백과》에서는 자신의 성격과 기질을 파악해 적성에 맞는 직업을 선택할 수 있도록 해 줍니다. 직업의 장단점뿐만 아니라 그 일을 잘하기 위해 필요한 자격, 잘못 알고 있는 상식 등도 함께 제공해 현실적으로 직업의 세계에 대해 접할 수 있도록 합니다.

직업에 대한 구체적인 정보를 제공받을 수 있는 책은 《직업 옆에 직업 옆에 직업》입니다. 이 책은 세상에 있는 다양한 직업을 장소별로 소개하고 있어 장소만 봐도 어떤 일을 하는 직업인지를 알 수 있게 해 줍니다. 각자의 일을 소개하고, 하루 일과와 도구들, 그 직업을 갖기 위해 해야 하는 일들, 그리고 이와 비슷한 직업에는 어떤 것들이 있는지를 구체적으로 알려 줍니다.

5) 실패를 이겨낸 사람들에 대한 책

일을 하다보면 항상 성공할 수만은 없습니다. 성공을 하기 위해서 수많은 실패를 겪기도 합니다. 《실패의 전문가들》에는 발레리노 이원국, 셰프 에드워드 권, 로켓박사 채연석, 마라토너 이봉주, 디자이너 최범석, 동화작가 김향이 등의 실패담이 들어 있습니다. 성공하기까지 겪은 수많은 실패와 시행착오가 그 사람들을 더욱 단단하게 만들어 주었음을 알 수 있습니다. 실패를 통해 더 많이 배우고 성장하는 것을 보며, 중요한 것은 진정으로 좋아하는 것을 찾고 그것을 위해 노력하는 것임을 깨달을 수 있을 것입니다.

8

자연과
함께하게 해 주는
자연탐구지능

주변에 식물이나 동물에 관심이 많아 그런 것들을 잘 기르고 잘 돌보는 친구들이 있나요? 자연의 변화에도 민감해 다른 사람이 보지 못하는 것을 보기도 하고, 똑같은 것을 보더라도 더 잘 보고 더 많은 것을 볼 수 있나요? 그런 친구들이 바로 자연탐구지능이 높은 친구입니다. 이런 친구들은 자연과학에 관심을 갖거나 바깥 활동을 선호합니다. 자연탐구지능이 높은 사람은 자연 현상에 대한 유형을 규정하고 분류하며 주변 환경의 특성에 따라 일을 처리하는 능력을 잘 발휘합니다. 과학실험을 좋아하고 잘 하여 두각을 나타냅니다. 남과 다르게 섬세한 것까지 보고 표현할 수 있어서 미술에서 두각을 나타내기도 합니다.

자연탐구지능이 높은 사람은 탐험이나 여행도 잘 합니다. 한 때

《노빈손 시리즈》가 돌풍을 일으킨 적이 있습니다. 살아남기 시리즈이지요. 노빈손은 빈손으로 무인도에 떨어지기도 하고, 아마존에도 가게 되고, 버뮤다 삼각지대도 가게 됩니다. 뜻하지 않게 남극도 가게 됩니다. 봄, 여름, 가을, 겨울 계절도 탐험합니다. 노빈손은 한강에서 철새 지킴이가 되기도 합니다. 심지어 갈라파고스에까지 가게 됩니다.

노빈손은 가는 곳마다 힘겨운 상황에 빠지지만 꿋꿋하게 그 일을 해결해 냅니다. 노빈손을 따라가다 보면 과학 상식이 쑥쑥 생겨납니다. 과학을 그다지 좋아하지 않는 친구들도 재미있게 읽으면서 과학을 좋아하게 될 것입니다. 노빈손 같은 친구가 자연탐구지능이 높은 사람입니다.

텔레비전 프로그램 정글의 법칙의 김병만 씨도 자연탐구지능이 높은 사람입니다. 방송 프로그램이지만 본인이 자연탐구지능이 없다면 견뎌내지 못할 일들이 많이 일어납니다. 아무것도 없는데서 살 곳을 찾고, 집을 만들고, 먹을 것을 구합니다. 요즘이야 슈퍼에 가면 얼마든지 먹을 것을 살 수 있지만 스스로 삶의 문제를 해결하기는 어렵습니다. 자연탐구지능은 이와 같은 삶의 문제를 해결하는데 도움을 줍니다.

자연탐구지능이 높으면
무슨 일을 하면 좋을까요?

자연탐구지능이 높으면 동물이나 식물을 연구하는 과학자의 길로 나갈 수 있습니다. 과학의 가장 기초적인 분야이지요. 고릴라를 연구하기 위해 아프리카의 숲으로 간 제인구달이 자연탐구지능이 없었다면 그런 생각조차 하지 않았을 것입니다.

자연탐구지능이 의료와 만나면 그 진로의 방향은 의사, 약사, 간호사, 신약연구가, 인공장기개발자, 의료장비개발자, 뇌질환전문가, 인지공학전문가, 뇌공학전문가로 나아갈 수 있습니다. 이런 일들은 사람들의 생명과 관련된 삶의 질을 더 높일 수 있는 일들이기에 중요한 일들이고 전문적인 일들입니다.

동물을 좋아하고 사랑해서 치료해 주고 보살펴 주기를 좋아한다면 수의사, 동물사육사, 조련사의 길을 갈 수 있습니다. 수의사는 많은 친구들이 되고 싶어 하는 일입니다. 그런데 동물을 키워 본 경험이나 좋아해 본 경험이 없이 고수익을 얻는 직업으로만 생각하고 선택한다면 한계에 부딪힐 수 있을 것입니다.

자연탐구지능이 높으면서 언어지능도 높으면 여행작가나 여행상품기획자로 진로를 잡을 수 있습니다. 여행 다니는 것을 직업으로 삼고 그 경험으로 책을 만든다면 많은 사람들에게 정보를 주고 공감을 얻어낼 수 있습니다. 요즘은 생활수준이 높아져 여행을 많이 다니기 때문에 자신의 생활을 즐기면서 생계문제도 해결할 수 있을 것입니다.

환경 관련 진로로는 환경보호가, 도시계획가, 조경기술자, 환경생태학자, 탐험가, 기상컨설턴트, 유해성평가전문가, 에너지 컨설턴트, 친환경제품개발자, 차세대에너지전문가, 생활안전전문가가 있습니다. 환경은 21세기의 화두라 할 만큼 아주 중요한 부분입니다. 우리는 환경 속에서 살아가기 때문에 그 환경을 잘 가꾸어야만 건강한 삶을 살 수 있습니다. 우리는 주로 도시에서 살기 때문에 환경의 중요성과 맞물려 건물마다 조경을 중시하고 있습니다. 그러므로 식물의 습성을 잘 안다면 조경 기술로 환경을 더 아름답게 가꿀 수 있을 것입니다.

지리 관련 진로로는 위성통신전문가, 산업잠수사, 도시교통학, 부동산학, 지형공간정보학 등이 있습니다. 위성통신전문가는 위성산업이 발달함에 따라 앞으로 활동이 점점 다양해지고 중요해 질 것입니다. 우리나라는 삼면이 바다인데 비해 바다를 제대로 연구하지 못하고 있습니다. 그러므로 산업 관련 잠수사도 활동의 영역을 더 넓힐 수 있을 것입니다.

자연탐구지능이 높은 사람은 1차 산업에 종사할 수도 있습니다. 이에는 농업, 임업, 어업, 축산업, 식량전문가 등이 있습니다. 식량전문가는 미래 식량의 위기를 극복하기 위해 다양한 먹을거리를 찾아내고 개발해 내어 인류의 위기를 해결해 줄 수 있을 것입니다.

예술분야의 진로는 디자이너나 화가, 조형예술학이 있습니다. 미술 분야의 진로로는 미술가, 만화가, 애니메이션, 분장사, 메이크업아티스트 등이 있습니다. 예술분야에서 가장 즐겨 다루는 소재는 자연입니다. 세계적인 디자인 학교가 숲속에 있다는 것은 그다지 놀라운 일이 아닙니다. 자연에서 얻는 영감은 그 어떤 것보다 뛰어나기 때문입니다. 자연의 색채는 무한하고 오묘해서 인위적인 색채가 주는 느낌과는 비교할 수 없습니다. 생활 속에서 마주치는 조형물들의 대부분은 자연에서 얻은 이미지를 재현해 낸 것입니다. 이것만 봐도 자연이 얼마나 위대한 스승인지 알 수 있습니다.

서비스 관련 진로로는 여행가이드, 플로리스트, 애완동물장의사 등이 있습니다. 자연을 활용해 다른 사람들을 기쁘게 해 줄 수 있는 진로입니다.

자연과학 관련 진로로는 유전공학자, 생명과학, 동물학자, 식물학자, 축산학자, 곤충연구가, 물리학자, 천문학자, 해양공학, 바이오공학자, 인공지능개발자 등이 있습니다. 유전공학이나 생명과학은 앞으로도 유망한 분야일 것입니다. 사람들이 장수와 건강에 많은 기대를 하고 있기 때문입니다. 삼면이 바다로 둘러싸인 우리나라의 미래가 들어 있는 해양공학으로 눈을 돌려보는 것도 유망합니다. 인공지능개발은 로봇산업과 연계되어 더욱 발전할 것으로 보입니다.

보건 관련 진로로는 피부관리사, 두피관리사, 실버케어복지, 보건허브학, 다이어트정보학 등이 있습니다. 사람들이 건강에 관심이 많기 때문에 이 분야도 꽤 전망 있는 진로라 할 수 있습니다.

설계 관련 진로로는 공원개발자, 리조트개발자가 있습니다. 생활이 여유로워지면서 휴식에 대한 인식이 높아져 공원이나 리조트 개발이 더욱 많아질 것입니다. 자연과 잘 어우러진 경관은 많은 사람들의 공감을 불러일으켜 좋은 평가를 이끌어낼 것입니다.

자연탐구지능을 높이기 위해서는
어떻게 해야 할까요

1) 자연과 함께 하는 시간을 많이 갖고 자세히 관찰해요

자연과 사람의 삶은 떼려야 뗄 수 없습니다. 자연을 좋아하면 삶이 더욱 풍성해 지므로 자연탐구지능을 높이는 것은 삶의 질을 높이는 것이라 할 수 있습니다.

자연을 인지하기 위해서는 환경의 70% 이상이 자연물이어야 한다고 하는데 요즘의 도시는 자연물보다 조형물들이 훨씬 많기 때문에 자연을 인지하기 어렵습니다. 그래서 자연에 대한 더욱 많은 관심과 노력이 필요합니다. 요즘은 숲 체험 프로그램이 많이 운영되고 있기 때문에 그런 프로그램에 참여하는 것도 좋습니다. 캠핑과 같은 야외 활동을 하면서 자연과 밀접한 생활을 체험해 보는 것도 도움이 많이 되겠지요.

요즘은 도시도 조경을 잘 해 놓아 다양한 나무와 화초를 구경할 수 있습니다. 내가 사는 주변에는 어떤 것들이 있는지 관심을 가지고 살펴본다면 더 많은 자연이 보이기 시작할 겁니다. 주변을 산책할 때 나무, 꽃, 풀, 곤충, 새들을 자세히 관찰하고 생태지도를 만들어 보는 것도 주변의 자연에 관심을 갖게 되는 좋은 방법입니다. 그냥 육안으로 보는 것도 좋지만 돋보기나 확대경을 통해 자세히 들여다보는 것도 좋습니다. 확대경을 통해 보면 눈으로 볼 수 있는 한계를 뛰어넘을 수 있으므로 그냥 눈으로 바라보는 것보다 신비로운 세상에 접근하게 될 것입니다. 그런 세상에 대한 감탄이 연구자의 길로 이끌어 줄지도 모릅니다.

2) 동·식물을 기르며 돌봐요

반려동물을 기르면 동물과 쉽게 친해질 수 있습니다. 많은 사람들이 도시에 살고, 아파트 같은 공동주택에서 생활하기 때문에 동물을 기르는 것은 쉽지 않습니다. 그렇다고 불가능한 것도 아닙니다. 동물을 기르고 싶어 하는 친구들은 가족 안에서 책임의 소재를 분명히 하고 키우면 좋습니다. 그러면 동물에 대한 이해도 생기고 책임감도 기를 수 있습니다.

동물이 무리라면 집에서 기르는 화초에 물주기 부터 해 봅시다. 그러면 좀 더 관심과 책임을 갖고 활동하게 됩니다. 관찰한 내용을 관찰일기로 기록해 보면 자연에 대해 친숙함을 느낄 수 있을 것입니다. 이 때 카메라에 담아 보거나 그림을 그려보면 더 자세히 볼 수 있는 눈이 생기게 됩니다. 식물채집을 해 보는 것도 좋은 방법일 것입니다. 그렇지만 희귀·보호 식물은 채집하면 안 됩니다. 자주 볼 수 있는 흔한 풀만으로도 자연의 아름다움을 느끼기에는 충분합니다.

3) 동호회에서 활동해요

자연탐구지능을 높이기 위해 환경보호 및 자연관찰 동호회에서 활동하는 것도 좋습니다. 아무래도 개인적으로 활동하는 것보다 좀 더 넓게 활동할 수 있으므로 폭 넓은 경험과 지식을 쌓을 수 있습니다. 자연탐구지능과 관련한 생명공학, 환경공학, 과학박람회에 참여해 보고 그곳에서 본 것들과 느낌을 담아낸 보고서를 써 보는 것도 도움이 됩니다.

4) 관련된 책이나 자연다큐멘터리 프로그램을 봐요

요즘은 도감 종류도 많이 나와 있고 자연을 소재로 한 책들도 많습니다. 이런 책들을 찾아보는 것도 좋습니다. 책을 통해 자연과 친숙해 지면 두려움을 없앨 수 있어 자연 속으로 들어갈 때 좀 더 적극적으로 활동할 수도 있습니다. 자연다큐멘터리 프로그램도 많이 있습니다. 우리가 직접 볼 수 없는 세계를 담고 있어 자연의 신비로움을 느끼기에 좋습니다.

자연탐구지능을 높이는 데 도움이 되는 책

1) 자연 속에서 살아가는 사람들에 대한 책

《자연을 사랑한 최재천》에서는 최재천 국립생태원장을 만날 수 있습니다. 최재천 원장은 자신을 정말 복 받은 사람이라고 표현합니다. 자연을 사랑하고, 그것과 관련한 일을 하고, 그것을 소재로 글을 쓰고, 돈을 벌고, 명성을 얻었기 때문입니다. 최재천 원장이 꿈꾸는 것은 우리도 살고 동물도 살고 환경도 사는 공생(共生)입니다. 사람들이 자연과 공생하는 법을 배우기 위해서는 자연의 섭리를 배우고 '느림의 미학'을 체험하는 것이 필요합니다. 그래서 최재천 원장의 총괄 기획 하에 국립생태원이 만들어진 것입니다. 이 책을 읽다보면 우리를 둘러싼 자연을 잘 아는 것이 얼마나 가치 있는 일인지 깨달을 수 있습니다.

《새를 보면 나도 날고 싶어》는 평생 새를 사랑하며 연구해 온 원병오 선생님을 만날 수 있습니다. 원병오 선생님은 여섯 살 때부터 새 공부를 시작해 어린 시절의 꿈을 이루기 위해 노력했습니다. 전쟁을 비롯한 온갖 어려움을 겪었지만 새를 연구하고, 조사하고, 보호하는 일을 멈추지 않았습니다. 이 책은 새를 왜 보호해야 하는지, 어떻게 노력해야 하는지 생각해 볼 기회를 줍니다.

《한국 최고의 세계여행가 김찬삼》은 법관의 아들로 태어났지만 편안한 삶보다는 책에서 배운 내용을 눈으로 직접 확인해 보겠다는 신념으로 지리학자와 탐험가로 살아갑니다. 세계 곳곳에서 겪은 일들을 여행담으로 기록해 꿈과 용기, 의미 있게 인생을 사는 법에 대해 메시지를 전합니다.

2) 자연에 대해 알려주는 책

어느 집이나 동식물과 관련한 과학전집들이 있을 겁니다. 《동식물백과사전》과 같은 책을 통해 동물이나 식물에 대해 잘 알게 된다면 거부감이 없어질 것입니다. 한 번에 너무 많이 보려고 하지 말고 차근차근 보다보면 자연이 좋아질 수 있을 거예요.

자연 속의 나무와 풀이 사랑받는 이유는 아마도 꽃이 피기 때문일 것입니다. 《쉽게 찾는 우리 꽃》은 우리를 꽃의 세계로 이끌어 줄 것입니다. 책이 작아서 손에 들고 나가면 계절별로, 색깔별로 금방 찾아 볼 수 있습니다. 이름을 아는 것이 관계 맺기의 가장 기본이라고 합니다. 우리가 흔히 보는 풀꽃들도 각자 어여쁜 이름들이 있답니다.

자연에 영향을 미치는 날씨에 대한 모든 것은 《날씨에 관한 모든 것》에 담겨있습니다. 우리 주변의 기상 현상, 지구온난화에 따른 기후 변화, 기상 정보 등이 나옵니다. 우리의 삶은 날씨와 떼려야 뗄 수 없습니다. 이 책은 일기예보나 기상학에 대해 자세히 밝혀 놓아 날씨에 관심이 있는 아이들의 호기심을 충족해 주기에 충분합니다. 우리나라의 지형 특성상 날씨를 정확히 알아맞히기는 어렵다고 합니다. 미래에 기상학자를 꿈꾸는 어린이들이 꼭 읽어보고 좀 더 정확한 기상학자가 되어 사람들의 생활에 도움을 줄 수 있었으면 좋겠습니다.

자연에서 빼 놓을 수 없는 것이 밤하늘의 별입니다. 예전에는 많은 예술인들에게 영감을 가져다 준 찬미의 대상이었고 현대에는 탐구의 대상이 되고 있습니다. 그 별들의 이야기를 《별자리 대백과》에서 만나봅시다. 태양계의 여러 행성과 그 행성을 품고 있는 우주에 대한 기본적인 내용을 소개하고 있습니다. 88개의 별자리를 볼 수 있는 시기와 방법, 장소 등을 자세하게 소개하고 있습니다. 그리고 월별로 밤하늘의 별자리를 관찰하는 방법을 소개하고 있어 우주를 향한 마음을 펼쳐 볼 수 있게 해 줍니다.

우리가 가보지 않은 세상은 우주에만 있는 것은 아닙니다. 우리나라는 남극과 북극에 기지를 세우고 연구에 박차를 가하고 있습니다. 극지방은 지구에 남은 마지막 미지의 세계이며 자연의 보고입니다. 그 중에서도 남극은 한반도의 60배에 달하는 거대한 얼음 땅인데 지구 환경 변화에 대한 징표로서의 가치가 큰 곳입니다. 《어린이를 위한 남극의 역사》에서 남극의 역사와 생물학적 특징을 만날 수 있습니다. 남극은 탐험의 대상이기보다는 보존 가치가 높은 곳이기에 잘 알고 잘 보존할 수 있어야 하겠습니다.

3) 먹을 것을 자연에서 얻는 책

《쿵덕쿵 우리 쌀 이야기》에서는 우리의 주식인 쌀이 볍씨에서부터 쌀밥이 되기까지의 과정을 보여줍니다. 벼농사의 역사에서부터 벼와 쌀에 대한 모든 궁금증을 풀어 줄 수 있는 정보가 담겨 있습니다. 쌀은 단순한 식량의 의미를 넘어 우리 민족의 역사, 문화, 경제, 자연 환경과 밀접한 관련이 있습니다. 이 책을 통해 쌀의 소중함을 느껴보면 어떨까요?

《사람이 주인이라고 누가 그래요》에는 자연농법으로 농사를 짓는 이영문 씨가 나옵니다. 모든 것을 자연과 함께 하기 위해 노력하지요. 이영문 씨는 태평농법을 만들어 낸 사람입니다. 우리 선조들이 갈고 닦아온 방법을 찾아내고 우리 땅에 맞는 농사법이라 생각해 그렇게 농사를 짓고 살고 있습니다. 이영문 씨는 흙이 살아야 사람이 살고 자연이 살아야 사람이 산다며 자연과의 공생을 주장합니다. 이영문 씨는 천적을 이용한 해충 퇴치법과 같은 농사법을 연구하지는 않습니다. 애벌레도 먹고 살아야 하고 새도 먹고 살아야 한다고 생각하기 때문입니다.

먹을거리가 아무리 많아도 요리사가 없으면 맛있는 요리가 될 수 없습니다. 요리사는 단순히 음식을 만드는 사람이라기보다는 요리를 통해 자신의 세계를 펼쳐나가는 사람입니다. 요리사는 늘 연구하는 자세로 새로운 식재료를 찾고 그 식재료에 맞는 요리를 개발해 내기도 합니다. 《우리 할아버지는 괴짜 요리사》의 할아버지는 만드는 음식마다 음식에 얽힌 이야기를 들려줍니다. 이 책에서는 나라마다 각기 다른 생활모습으로 인해 먹는 음식이 달라지고 종교 문제로 먹지 않는 음식이 있다는 사실들을 전해주고 있습니다.

4) 자연으로 문제를 해결하는 책

《재미있는 과학 수사 이야기》에는 첨단 과학 기술과 장비를 활용해 사건사고의 진실을 규명하며 범죄 사실을 증명하는 과학수사대의 이야기가 나옵니다. 지문과 혈흔, 그리고 유전자까지 과학수사의 전 분야의 분석방법에 쓰이는 과학적 원리를 예를 들어 설명합니다. 머리카락, 침, 오줌, 똥도 훌륭한 증거가 되는데, 관찰이 기본이고 거기에 생물학, 화학 같은 과학 지식이 바탕이 되어야 함을 알게 됩니다.

우리는 환경 속에서 살아갑니다. 따라서 환경에 문제가 생기면 사람들의 삶도 위협받습니다. 환경 문제를 해결하는 것은 곧 사람들의 삶을 풍요롭게 하는 것입니다. 《환경 전문가가 될 테야》는 환경 전문가에 대한 이야기입니다. 환경 컨설턴트, 소음진동 전문가, 수질 전문가, 대기 전문가 등의 이야기가 재미있는 그림으로 표현되어 있어 그들의 하는 일이나 그들의 하루 일과 등을 읽기 쉽고 이해하기 쉽게 해 높았습니다.

4 PART

인성을 위한 독서와 글쓰기

아무리 훌륭한 직업을 갖는다 해도 그 직
업을 자신의 이익만을 위해 쓰게 된다면
세상은 바뀌지 않을 것입니다.
인성요소를 갖춘 인재들이 많다면 우리
가 사는 세상은 좀 더 달라질 수 있을 것
입니다.

《미스럼피우스》의 할아버지와 어린 엘리스는 날마다 이야기를 나눕니다. 엘리스는 전 세계 여행을 할 것이고 나이가 들면 할아버지처럼 바다가 보이는 곳에 집을 짓고 살 것이라고. 그러면 할아버지는 말씀하십니다. 하나 더, 세상을 아름답게 만드는 일을 하라고. 엘리스는 커서 여행가가 되어 정글도 가고 사막도 가고 산도 오릅니다. 그러다 나이가 들자 바닷가에 집을 짓고 그곳에 삽니다. 그러면서 할아버지와의 약속, '세상을 아름답게 만드는 일'에 대해 고민합니다. 어떻게 하면 세상을 아름답게 만들 수 있을지.

　럼피우스는 아름답게 피어있는 루핀꽃에서 영감을 얻어 가장 질 좋은 루핀꽃씨를 사서 주머니에 넣고 다니며 씨를 마을 곳곳에 뿌리고 다닙니다. '미친 늙은이' 소리를 들으면서도요. 루핀꽃은 온 동네 어디에서나 아름다운 꽃을 피웠고 사람들은 누가 아름답게 만들었는지도 모른 채 아름다움을 만끽합니다. 한 사람의 이타적인 삶이 모든 사람들의 환경을 아름답게 가꾸어 준 것입니다. 우리 아이들이 무엇이 되던 잊지 말아야 하는 것은 '세상을 아름답게 만드는 일'입니다. 이것은 특히 우리나라를 이끌어나갈 지도자가 될 사람들이 갖추어야 하는 마음의 자세일 것입니다.

정부에서는 초·중·고등학생의 인성 수준을 측정하는 '인성지수'를 도입합니다. 학생들의 인성 수준을 파악해 학교 교육과 접목시키기 위해서라고 합니다. 검사 항목은 정직, 절제, 자율, 책임·성실, 배려·소통, 예의, 정의, 시민성, 인류애, 지식·지혜 등입니다. 이는 상급학교 진학 시 쓰는 자기소개서의 핵심 인성요소인 배려, 나눔, 협력, 타인 존중, 갈등관리, 관계지향성, 규칙준수 등과 상통합니다. 자기소개서에는 이들 핵심 인성요소에 대한 중·고등학교 활동 실적 및 이를 통해 배우고 느낀 점을 구체적으로 기술하게 되어 있습니다.

아무리 훌륭한 직업을 갖는다 해도 그 직업을 자신의 이익만을 위해 쓰게 된다면 세상은 바뀌지 않을 것입니다. 인성요소를 갖춘 인재들이 많다면 우리가 사는 세상은 좀 더 달라질 수 있을 것입니다.

1 정직-거짓말 안하기, 잘못 숨기지 않고 인정하기

사람들은 늘 회피하고 싶어 하는 마음이 있고 어떻게든 자기합리화를 시키고 싶어 하는 마음이 있기 때문에 곤란한 상황에서는 거짓말을 하거나 잘못이 있을 때는 감추고 싶어 합니다. 그럴 때 사실대로 이야기한다는 것은 정말 큰 용기를 필요로 하지요. 사람들 사이의 신뢰를 탄탄히 해 주는 것은 정직입니다. 정직이 바탕이 될 때 사람들 사이의 신뢰가 더욱 돈독해질 수 있습니다. 정직하게 자신을 밝힐 수 있는 것은 용기가 있어야 가능한 일입니다.

용기 있는 태도로 어려움을 이겨내는 알렉스를 보면서 자신의 문제에 용기 있게 맞설 수 있는지 한번 생각해 봅시다.

《희망의 섬 78번지》를 읽고

알렉스에게

안녕, 나는 권수연이야. 나는 13살이야.

알렉스, 네가 살았던 시기는 세계 2차 대전 때였지?

난 네가 참 힘든 시대에도 잘 살아온 게 대단한 것 같다.

만약 내가 그 시대 때에 살았으면 난 아마 바로 죽었을 거야.

아마 네가 그렇게 열심히 잘 살 수 있게 해 준 건 너의 할아버지와의

약속과 예전부터 이런 일을 대비해 준비를 했었기 때문이라고 생각해.

너 혼자 78번지에서 지내던 내용을 읽어보면 넌 그때 점점 어른이

되어 가는 것 같았어. 또 아무리 힘들어도 희망의 끈을 놓지 않았고.

자기 주위에 (쥐 빼고는) 누군가도 없이 혼자 사는 건 정말 힘들

것 같아. 거기서 네가 유대인 2명을 구하려고 총을 사용했을 때는

정말 어려웠을 것 같아. 하지만 그 덕분에 부상당한 헨릭과 외롭지

않게 살게 되었잖아.

또 헨릭이 갖고 있던 돈을 주어서 너의 생활은 훨씬 좋아졌고.

새로 이사 온 아이라고 하면서 그 곳 아이들이랑도 재미있게 놀고

스타샤랑 친구가 되어 서로 기호로 이야기를 하며 재미있게 지내기도

하고. 그런데 마지막에 스타샤가 이사 간 건 안 됐어.

어디로 이사 갔는지 모르니깐 그 아이랑 연락을 못 주고받았잖아.

그래도 아빠를 만난 건 다행이야.

거기를 떠나서 이제 아빠랑 행복하게 살길 바랄게.

네가 아빠랑 헤어져 죽음의 위험 속에서도 너 자신을 지켜내고
아무렇지 않게 새 친구를 사귀고 꿋꿋하게 지낸 것은 네가 용감하기
때문인 것 같아.

그런데 거기서 너의 아지트를 본 사람들은 왜 하나같이 놀랄까?
나도 한번 보고 싶어.

0000년 4월 어느 날

수연이가

동신초 6학년 때 권수연

2 절제—욕구 행동 조절하기, 난관이 있어도 계획대로 하기

사람들은 많은 욕구가 있습니다. 그러한 욕구 때문에 행동한다고 보는 사람도 있습니다. 사랑을 받고 싶어 하거나 사랑을 하고 싶어 하는 사람은 사랑의 대상을 찾기 위해 노력하고, 무엇인가 이루어내어 다른 사람들보다 우위에 서고 싶어 하는 욕구가 큰 사람들은 자기 성취를 하기 위해 행동합니다. 즐거움을 충족하고 싶어 하는 사람들은 다소 위험하더라도 즐거움을 충족하기 위해 위험을 무릅쓰고 활동하기도 합니다. 다른 사람들보다 자유롭고 싶은 사람들은 자유를 위해 많은 것을 포기하기도 합니다.

사람들은 자신의 욕구를 충족하기 위해 여러 활동들을 하지만 이런 활동이나 행동이 집단의 이익과 부딪히게 되는 경우도 많이 있습니다. 그럴 때는 어떻게 해야 할까요? 두 개가 양립할 때는 어떤 입장을 선택해야만 할까요? 그럴 때 자신의 욕구를 잘 조절해야 대립이나 분열을 막을 수 있을 것입니다. 그렇다고 늘 집단을 위해서 자신의 욕구를 억제한다면 개인의 삶은 위축될 수도 있을 것입니다.

《황허에 떨어진 꽃잎》을 읽고

사회 집단의 이익을 위해서 개인의 인권과 자유가
희생되어도 되는가?
사람들은 개인생활이 아닌 집단생활을 추구하고 있다.
집단생활은 개인생활보다 장점이 많다. 예를 들어 개인의 문제를
집단의 힘으로 해결할 수 있다.
집단생활을 하면 비슷한 문제를 공유하고 그 문제를 해결하기 위해
노력하다 보면 개인의 성장은 물론 집단도 훌륭한 집단으로 성장할 수
있는 기회가 된다.
하지만 이런 사회집단도 큰 단점이 있다. 바로 사회집단의 이익을
위해 개인의 인권과 자유가 희생될 수가 있기 때문이다.
중국의 인구는 세계 인구의 1/4이나 되는 많은 인구가 살고 있다.
그래서 중국은 1979년 때 1가정에 1자녀만 허용하는 정책이 생겼다.
그런데 중국은 대부분이 농사를 지으며 살기 때문에 남자를 선호한다.
그래서 여자아이가 태어나면 죽이기까지 한다고 한다. 이런 것처럼
중국은 나라 즉, 사회집단을 위해 개인의 인권과 자유를 희생시켰다.
우리 인간들은 모두 태어날 때부터 인권과 자유를 가지게 된다.
하지만 사회집단은 그들의 이익을 위해 개인의 인권과 자유를 제한하기
도 한다. 이게 바른 것인가? 나는 이렇게 사회집단의 이익을 위해
개인의 인권과 자유를 무시하는 것을 옳지 않다고 생각한다.
개인의 이익을 어느 정도는 생각하는 선택을 해야 한다고 생각한다.

동신초 6학년 때 권수연

3 자율-자신을 소중히 여기기, 스스로 일 처리하기

우리 사회는 아직도 '여자는 이래야 한다', '남자는 이래야 한다'는 성역할에 대한 고정관념이 많고 그것 때문에 남녀 간에 갈등이 많이 생기기도 합니다. 하지만 점차 남녀의 경계가 무너지고 있습니다. 이런 상황에서 아직도 성역할에 대한 고정관념을 내세운다면 시대착오적이라 비판을 받을 것이고, 갈등의 씨앗이 될 것입니다. 남녀의 차이가 아닌 개인의 성향이나 능력의 차이일 뿐이라는 인식이 필요합니다. 그러기 위해서는 있는 그대로의 자신을 소중히 여기는 마음이 있어야 합니다. 또한 남녀 모두 자신의 일은 스스로 처리하는 자율성이 생긴다면 오랫동안 문제시 되어 왔던 양성 간의 갈등이 해결될 수 있을 것입니다.

우리나라 여성 첫 KF-16 조종사 하정미 대위의 인터뷰를 보고

우리나라 여성 첫 KF-16 조종사 하정미 대위의 인터뷰를 보았다.

하정미 대위는 남자들과 같이 혹독한 훈련을 겪으면서 남성이 주를

이루던 분야에서 당당히 한 자리를 차지했다.

우리나라는 성이나 부에 차이가 있더라도 모든 국민은 평등하다.

하지만 현실에서는 그렇지 않다. 직업에서는 특히 남녀의 구분이 확실

하다. 우리나라 직업에는 남성이 독차지하고 있는 분야가 많다.

예를 들면 군인, 파일럿 등이 그렇다.

그러나 이러한 분야가 더 이상 남성만의 차지가 되어서는 안 된다.

여성이 남성이 독차지하고 있는 분야에 뛰어들 때에도 여성 스스로

편견을 가지고 있으면 안 된다.

자신이 여성이라고 그 분야에서 살아남기 어렵겠다고 생각한다면

자기 스스로가 한계를 정하는 것과 같다. 그리고 자긍심과 자존감이

높아야 남성이 대부분인 직업에서 살아남을 수 있다.

아직 우리나라에서는 남성이 주를 이루는 분야에 여자가 뛰어들면

편견을 가지고 바라본다. 하지만 여성의 진출 기회를 더 늘리기

위해서는 이러한 편견이 없어야 하고 제도적 장치로 여성의 진출을

보장하는 것도 필요하다.

수일중 2학년 때 이종구

4 책임 · 성실–맡은 일에 최선 다하기, 행위에 책임지기

자신이 맡은 바를 열심히 책임 있게 잘 해내는 것도 필요하지만, 현재를 사는 우리가 책임지고 해내야 할 일도 있습니다. 우리가 책임져야 할 일은 어떤 것들이 있을까요?

우리나라는 세계에서 한 민족이 두 나라로 분단된 최후의 국가입니다. 우리나라는 고려 이후 천여 년을 하나의 국가로 살아왔습니다. 사람들은 우리나라가 영토가 작다고 개탄을 합니다. 그런 작은 나라가 또 두 개로 나뉘어져 있습니다. 우리나라는 우리 민족의 뜻에 의해서가 아니라 외부 세력의 개입으로 두 개의 나라로 갈라져 지금까지 서로를 적대적으로 대하며 교류가 거의 없이 지내고 있습니다. 어서 빨리 하나가 되는 날을 맞아 민족화합을 이루는 것, 그것이 지금 현재를 사는 우리가 책임지고 해내야 할 일일 것입니다.

화해의 방법, 《학》과 《육촌형》을 읽고

우리나라는 현재 남과 북으로 나뉘어져 있다.

우리는 서로의 생각이 달라서 대립을 하고 있는데 오랜 세월 해결책을

찾지 못하고 있다. 이 갈등과 비슷한 예의 책이 있다.

한 권은 《학》이라는 책이다. 어렸을 때 친했던 성삼과 덕재는 커서

각각 남한과 북한의 다른 체계로 인해 적 관계가 되어서 만났다.

6·25로 피난을 갔던 성삼이가 다시 자기 마을로 돌아갔다가

늙은 아버지와 만삭의 아내를 두고 피난을 갈 수 없어 남아 있다가

잡혀서 성삼과 조우하게 되었다. 하지만 성삼이는 덕재와 함께한

추억을 생각하고 이해를 해서 풀어주었다. 이 책의 갈등은 서로의 생각이

달라 생겼다. 그리고 화해의 방법은 서로 이해 한 점이다.

다른 한 권은 《육촌형》이다.

이 책에서 주인공은 그의 주변 환경 때문에 어쩔 수 없이 그의 육촌형과

대립을 하게 된다. 하지만 마지막에 주인공의 육촌형이 마을끼리

서로 싸우는 것을 중단함으로써 이 책의 갈등은 끝이 난다.

이 책에서 서로 싸우게 만드는 3명의 아이들은 미국과 소련을 상징한

것이고 어쩔 수 없이 싸우는 아이들은 북한과 남한을 상징하며

서로 싸운 것은 6·25를 상징한 것이다.

이 책들을 보며 우리가 통일을 하는 방법을 생각할 수 있었다.

첫째는 서로 이해하는 것이다. 서로 조금씩 양보하며 이해하면 싸우는

일은 없다. 두 번째는 누구 한 명이 중단을 하는 거다.

《육촌형》을 보면 막상 싸우기 싫지만 먼저 중단하는 사람이 없어 갈등이 계속되었다.

우리나라 사람 대부분은 통일을 원할 것이다.

서로 이해하고 또 한 쪽이라도 먼저 과감히 갈등을 중단한다면 통일은 머지 않아 현실이 될 것이다.

대평중 1학년 때 권수연

5

배려 · 소통-남과의 차이 인정하기, 남의 감정 파악하기

좀 더 살기 좋은 세상이 되려면 서로 배려해야 합니다. 서로 배려한다면 이웃 간의 싸움도 국가 간의 분쟁도 없어지고 더 나아가 전쟁도 없어질 수 있을 것입니다.

좋은 세상을 만들기 위해 필요한 또 하나의 것은 소통입니다. 소통은 계층 간의 차이도 남녀 간의 차이도 세대 간의 차이도 없앨 수 있습니다. 소통이 되기 위해서는 서로의 입장을 이해하고 배려해야 합니다. 그렇게 한다면 우리 사회는 좀 더 살기 좋은 세상이 될 것입니다.

《내가 점점 좋아져》를 읽고
배려가 중요해요

나쓰하는 처음 보는 사람, 낯선 사람을 만나면 전화 먼저 하기,
그 사람과 닮은 점 찾기 등의 방법을 이용해 그 사람을 친구로 만든다.
나쓰하는 자신이 친구로 하고 싶은 사람에게서 닮은 점을 찾아내려고
하는 버릇을 가지고 있다.

나쓰하가 겐타와의 통화 중에 "겐타 너 의외로 전화로는 편하게
얘기 잘 하네. 사람은 겉보기하고는 다른 법인가 봐."라고 말하는
부분이 있다. 나쓰하가 이렇게 말한 이유는 평소에 겐타가 다른
아이들과는 말을 잘 섞지 않는 것을 보고 겐타가 소심하다고 생각했기
때문일 것이다. 그러나 실제 대화를 해보니 겐타에 대한 자신의
생각이 잘못됐다는 것을 안 것이다.

친구를 사귈 때 필요한 자세는 첫째, 친구를 배려할 줄 아는 마음을
가지고 있어야 한다. 왜냐하면 배려할 줄 모른다면 그 친구는 기분이
나쁠 것이다.

둘째, 아무리 마음에 들지 않는 친구가 있더라도 적으로 만들어서는
절대 안 된다. 왜냐하면 한 번 사이가 벌어지기 시작하면 영영
친해질 수 없기 때문이다.

셋째, 친구에게 먼저 다가가 손을 내미는 것이 중요하다. 왜냐하면
손을 내밀지 않으면 잡지도 않기 때문이다. 다시 말해 내가 먼저 손을
내밀면 자연스럽게 친해질 수 있게 된다.

넷째, 같은 말이더라도 좋게 이야기를 해야 한다.

왜냐하면 같은 말이더라도 어떻게 말하느냐에 따라 듣는 사람의
기분에는 확실히 차이가 있기 때문이다. 좋게 이야기하면 듣는 사람도
기분이 좋고 나쁘게 이야기하면 기분이 나쁘게 되는 것은 당연하다.

다섯째, 이기적으로 생각하거나 이기적인 마음을 가져서는 안 된다.

왜냐하면 이기적인 마음을 가지게 되면 친구에게 배려하지 못하게
되고 그러면 친해지기 어렵다.

나는 친구와 가까워지기 위해 여러 가지를 시도해 보았다.

나쓰하와 공통된 행동은 바로 '친구와 나의 닮은 점 찾기'이다.

예를 들어 사는 곳, 습관, 하는 것, 취미, 장래희망, 형제 등에서
닮은 점을 찾기 위해 애를 쓴다. 친해지고 싶은 애가 생기면
내가 먼저 다가가 그 친구와 대화를 하고 비슷하거나 같은 점이 나오면
그것을 계기로 친해지고는 한다.

천천초 6학년 때 고재영

6

예의-바른 언어 사용하기, 웃어른 공경하기

우리나라는 다양한 종교를 인정합니다. 하지만 종교인들 중에는 다른 종교를 폄훼하고 자신의 종교만이 진리라는 듯이 다른 종교를 적대시하는 사람들도 있습니다. 역사적으로 종교에 대한 다른 신념들은 많은 희생을 불러오기도 합니다. 다른 종교에 대해 함부로 대하거나 함부로 말하는 것은 또 하나의 폭력이며 이러한 폭력은 갈등을 낳고 갈등은 사회의 불안 요소가 될 수 있습니다. 바른 언어를 사용하는 태도는 사람들 개인 간의 태도뿐 아니라 다른 집단에 대해서도 지켜야 하는 태도입니다.

《세계 종교 여행》을 읽고

바람직한 종교와 종교인

요즘 사람들은 자신이 원하는 종교를 마음껏 가지며 산다.
예를 들어 기독교, 이슬람교, 힌두교, 불교, 유교, 도교 등등 세상에는
다양한 종교가 있다. 이렇게 다양한 종교가 있는 것은 삶의 방식과
고민이 서로 다르고, 삶의 의미를 찾은 이유가 다르기 때문이다.
종교는 사랑과 생명존중을 실천하는 것이다.
하지만 이런 종교가 문제가 되어 가고 있다. 왜냐하면 모두 다
이렇지는 않겠지만 몇 명의 사람들은 자신의 종교를 강제적으로
믿게 하거나 자신이 믿는 종교가 아닌 다른 종교를 비방하기 때문이다.
더 나아가 종교 때문에 일어난 종교전쟁이 있다.
이렇게 행동을 하는 것이 바람직한 종교인의 태도일까?
종교인의 바람직한 행동이란 무엇일까? 바람직한 종교인은 다른 종교를
존중하는 마음을 가져야 한다. 예를 들면 화계사가 어떤 해 성탄절에
화계사 입구에 "예수님 탄생을 축하합니다"라고 쓴 현수막을 걸었다.
다음해 봄에 한신대 학생들은 석가탄신일에 "부처님 오신 날을 경축"
이라는 현수막을 걸어 현수막 릴레이를 펼쳤다.
"모든 종교는 세계 이곳저곳에서 서로 혼합될 것이다"라고 토인비가
말했다. 알고 보면 종교의 뿌리는 하나라는 것이다. 하나님, 야훼,
아후라 마즈다, 알라, 시바로 뿌리가 같다는 것이다.
그러니 서로의 종교를 존중하는 바람직한 종교인이 되자.

동신초 6학년 때 권수연

7

정의–공평하게 대우하기, 사회적 약자 보호하기

　　자본주의의 문제를 빈익빈, 부익부로 보기도 합니다. 가진 사람과 갖지 못한 사람의 차이가 점점 심해진다는 것입니다. 계층이 확연하게 나뉘고 점점 거리가 멀어진다면 함께 살아가는데 분명 걸림돌이 될 것입니다. 남녀나 노소나 빈부나 모두 차이일 뿐 차별의 요소는 될 수 없습니다. 차별에 의한 갈등이 생긴다면 그 부당함에 대해서 맞설 수 있어야 합니다. 그런 부당함이 생기기 이전에 모두에게 공평하게 대우하거나 사회적 약자를 먼저 보호한다면 갈등이 생기지 않을 것입니다.

《존 롤즈가 들려주는 정의 이야기》를 읽고

케이크를 공평하게 나눠 먹을 수 있는 방법은 무엇이 있을까?

사회 전체의 구성원들에게 이득이 공평하게 돌아가도록 하기 위해서는

무엇을 어떻게 하면 좋을까?

나는 케이크를 공평하게 나누어 먹을 수 있는 방법이 있을 것이라

생각한다. 예를 들어 제비뽑기, 엎어라 뒤집어, 마음대로 등이 있다.

제비뽑기는 누군가와 짜거나 하고 싶은 사람끼리만 하기

힘든 방식이다. 엎어라 뒤집어는 짤 가능성도 있지만 양심이 있는

사람이라면 짜지는 않을 것이다. 가위바위보도 서로 짤 수도 없고

또 짜더라도 사인이 맞추기가 쉽지 않아 하고 싶은 사람끼리 할 수

없을 것이다.

사회 전체의 구성원들에게 이득이 공평하게 돌아가도록 하기 위해서는

먼저 지구 온난화를 막기 위해 자가용 대신 버스 같은 대중교통을

이용하면 좋을 것이다. 서울의 경우 대중교통 이용 시 5번까지 환승이

무료인 제도도 있다.

또 대중교통의 요금을 올리지 않는 것도 좋은 방법인 것 같다. 왜냐하면

대중교통이 비싸다고 이용을 하지 않는 사람들도 있기 때문이다.

또 무상교육, 무상급식 등도 사회 구성원에게 이익이 된다고 생각한다.

왜냐하면 학교에 돈을 내야 교육을 받을 수 있다면 돈이 없는 집의

아이는 학교에 다니지 못하게 될 것이고 그러면 커서 더 힘들어질

것이기 때문이다.

이렇게 되면 우리나라의 미래의 빛이 꺼지게 될 것이다.

무상 급식도 좋다고 생각한다. 돈이 없는 집 애들은 밥을 먹지 못할

수도 있기 때문이다.

여러 사람들이 이용하고 여러 사람들에게 혜택이 돌아가게 하는 것이

무지의 베일이다. 특정한 누군가만 염두에 두고 만든 것이 아니기

때문이다.

많은 사람들이 고른 혜택을 받을 수 있도록 하는 것이 정의라고 생각한다.

천천초 6학년 때 고재영

8 시민성−규칙 법 지키기, 공동체 문제에 관심 갖기

사람은 사회적 존재입니다. 사회 속에서 살 수밖에 없기 때문입니다. 그런데도 자신만 생각하고 사회의 문제에 관심을 갖지 않는다면 결국은 자신의 설 자리, 살 자리가 줄어든다는 의미와 같습니다.

우리나라에는 유한한 땅을 잘 활용하기 위해 끊임없이 개발을 해 왔습니다. 그중의 하나가 갯벌을 없애 간척을 하는 것입니다. 간척을 한다면 지금 당장 땅을 넓힐 수는 있지만 그것이 꼭 옳은 일인지는 생각해 보아야 합니다. 지금 내가 살고 있는 곳이 아니니 상관없다고 생각해서는 안 됩니다. 사회의 문제가 곧 자신의 문제라는 생각으로 사회 문제에 관심을 갖고 참여해야 합니다.

우리를 둘러싼 환경을 개발할 것이냐, 보존할 것이냐는 앞으로도 계속 발생할 문제일 것입니다. 갈등 속에 어떤 방향을 선택해야 하는지에 대해 다각도로 생각해 보고 선택을 할 수 있는 자세를 가져 보세요. 물론 개발이 무조건 좋다든지, 보존이 무조건 좋다든지 하는 논리는 안 됩니다. 개발을 해야 할 때도 있고 보존을 해야 할 때도 있기 때문입니다. 상황에 맞게 논리적으로 따져보고 결정해야 할 것입니다.

《우리나라 지리 이야기》를 읽고

우리나라에서 보기 드물게 모래사막 같은 곳이 있는데 그곳은 태안 신두리 바닷가에 있는 해안사구이다. 해안사구는 겉보기에는 쓸모없는 땅으로 보이지만 실제로는 생태계를 유지하는데 큰 기여를 한다. 갯벌 또한 해안 생태계를 유지하는데 큰 기여를 한다. 갯벌에는 특이한 생물들이 많이 살아 좋은 학습 장소가 되기도 한다. 최근에는 갯벌을 매립했을 때보다 그대로 두었을 때 사람에게 베푸는 혜택이 더 높다고 알려지기 시작해 '갯벌 보존 운동'이 활발히 이루어지고 있다.

요즘은 갯벌의 중요성이 커져가고 있다. 전에는 갯벌의 중요성을 잘 몰랐다. 미국, 영국, 일본 등 일부 선진국들은 이미 1980년대 초부터 간척 사업을 모두 그만두었다고 한다. 또한 19세기부터 바다를 막아 영토를 넓혀 온 네덜란드도 갯벌의 중요성을 인식하고 '역간척 사업'을 하고 있다.

이처럼 갯벌은 중요하다. 갯벌은 우리의 삶의 터전이며 주요 생활 무대로서 후손들에게 물려줘야 할 소중한 자연유산이다.

갯벌의 중요성이 커져가는 가운데 왜 우리나라는 갯벌을 매립하려 할까? 많은 나라들이 매립을 하다가도 갯벌의 중요성을 깨닫고 역간척 사업을 하고 있는데 우리나라는 갯벌의 중요성을 알면서도 매립을 하려 하다니 어리석어 보인다. 지금 하고 있는 갯벌 간척 사업을 중지해야 한다.

천천초 6학년 때 손인희

9 인류애-지구적 문제 해결에 협력하기, 타문화와 교류하기

세계는 점점 다문화 사회로 가고 있습니다. 우리나라도 예외는 아닙니다. 이미 우리나라에 들어와 살고 있는 외국인들이 많이 있고 외국인과 결혼한 다문화 가정도 많이 있습니다. 진정한 다문화 사회가 되기 위해서는 우리 문화를 그들에게 강요해서는 안 됩니다. 우리도 그들의 문화를 이해하고 수용해야 합니다.

다양한 재료들이 한데 어우러져 맛있는 샐러드가 되듯이 각각의 문화가 고유성을 가지고 어우러져야 합니다. 다문화 수용의 여부는 우리 사회의 존립 자체를 좌우하게 될 것입니다. '다문화 수용을 어떻게 할 것인가?', '외국인을 어떻게 대우할 것인가?'가 중요한 문제가 되었습니다.

다른 문화를 배워야 한다

글로벌 시대인 요즈음 국제결혼을 하는 사람이 늘어나고 있는 추세이다. 하지만 우리나라 사람들은 세계화를 주장하면서도 결혼하여 우리나라에 살러 온 사람들에게 편견을 가지고 있는 것 같다. 우리나라에는 동남아 쪽 여성들이 시집오는 경우가 많은데 그들에게 우리의 문화를 가르치려고만 한다. 주로 한국어나 김치 담그기 등 우리 문화를 가르친다. 물론 그들에게 우리 문화를 배우게 하는 것도 중요할 것이다. 그러나 우리도 그들의 문화를 배우려는 노력은 필요 없는 것일까?

무조건 우리나라의 문화만 강요하는 것은 옳지 않다고 생각한다. 그들의 문화와 우리의 문화가 많이 다른데 우리의 문화만 강요하는 것은 다른 문화를 무시하는 태도이다. 이것은 세계화가 아닌 숨어 있는 차별이라고 할 수 있다.

우리 문화를 그들에게 가르치려고 하지만 말고 다른 나라 사람들의 문화를 알려고 노력해야 한다. 우리가 그들의 문화를 조금씩이라도 배우고 따라준다면 그들이 우리나라에서 살기가 훨씬 수월해질 것이다. 그리고 그들의 문화를 배우면 그들을 존중할 수 있을 것이다.

나는 미래의 세계화 사회를 준비하는 대비책으로 그들의 문화를 존중해야 한다고 생각한다.

천천초 6 박서영

10   지식 지혜-열린 마음 갖기, 새로운 방식으로 말하기

미래 사회에는 새로운 지식들이 밀려올 것입니다. 지금까지의 지식만을 가지고는 그 변화를 추측할 수도 없을 것입니다. 우리가 새로운 세계나 세상에 대해 열린 마음을 갖고 새로운 지식을 받아들이지 않는다면 우리는 새로운 세상에 적응하기 어려울 것입니다.

열린 마음으로 미래는 어떤 사회가 될지 전망해 보면 미래 직업이 보일 수 있습니다. 미래는 지금과는 달라질 것이라는 것을 지금의 생활을 보면 어느 정도 유추가 됩니다.

《유비쿼터스》와 《로봇이야기》를 읽고

21세기에 발전 가능성이 높은 산업 두 가지를 고르면 자동차 산업과 생명공학 산업을 말할 수 있다. 그리고 굳이 우리나라가 더 많이 투자해야 할 산업을 꼽는다면 나는 생명공학 산업에 더 집중 투자하는 것이 효율적이라고 생각한다.

생명공학은 생명체가 가진 유전자의 재조합, 세포 융합 따위의 기술을 통해 생명체의 특성을 유용하게 이용하는 것을 말한다. 또한 생명공학은 의학 분야, 농업 분야, 축산 분야, 환경 분야에 도움을 준다.

농업 분야의 예를 들면 기온과 각종 질병에 강한 식물을 만들어서 도움을 준다. 열대 지역에서 주로 나는 야자수, 바나나, 망고 등을 우리나라에서도 키울 수 있게 된다. 그렇게 되면 우리는 좀 더 싼값에 열대 과일을 먹을 수 있게 된다.

이처럼 장점이 있으면 꼬리표처럼 따라오는 것이 단점이다.

생명공학 산업 역시 단점이 있다. 우선 인간 복제가 나쁜 일에 쓰일 수 있다. 영화 〈여섯 번째 날〉을 봐도 알 수 있듯이 인간 복제라는 것이 나쁜 쪽으로 쓰이면 한없이 나쁜 용도로 쓰일 수가 있다.

또한 생명공학으로 인간의 수명연장을 이룰 수는 있지만 인구 증폭의 문제를 불러일으킬 수 있다. 그렇게 되면 물 부족 현상이 심화될 수 있다. 마지막으로 유전자 조합이 먹이 사슬에 영향을 미칠 수 있다. 먹는 자와 먹히는 자의 위치가 바뀌면 생태계에 혼란이 와 생태계가 파괴될 것이다.

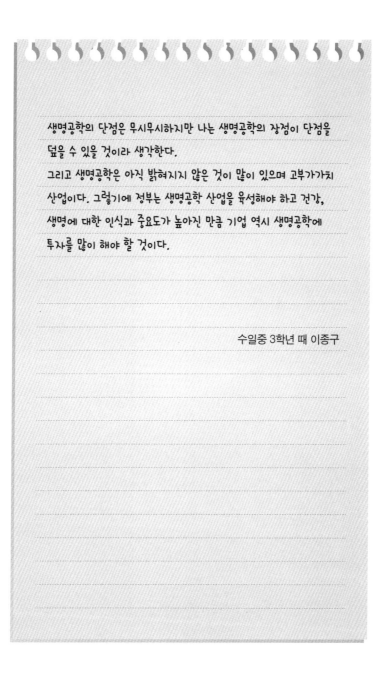

생명공학의 단점은 무시무시하지만 나는 생명공학의 장점이 단점을
덮을 수 있을 것이라 생각한다.
그리고 생명공학은 아직 밝혀지지 않은 것이 많이 있으며 고부가가치
산업이다. 그렇기에 정부는 생명공학 산업을 육성해야 하고 건강,
생명에 대한 인식과 중요도가 높아진 만큼 기업 역시 생명공학에
투자를 많이 해야 할 것이다.

수일중 3학년 때 이종구

5 PART

진로 찾기
활동과
글쓰기

자신의 강점지능을 검사해 봅시다.
자신의 강점지능을 알고 나서 강점지능
에 관련한 직업군을 살펴보고 그 직업군
안에 자신이 하고 싶은 일이 있는지 찾
아봅시다.
아니면 하고 싶은 일을 먼저 생각해 보고
그 일은 어떤 강점지능을 가지면 좋은지
도 생각해 봅시다.

1 나의 강점지능과 진로에 대해 생각해 보기

자신의 강점지능을 검사해 봅시다. 검사는 검사표에 체크를 해서 합산하면 됩니다. 자신의 강점지능을 알고 나서 강점지능에 관련한 직업군을 살펴보고 그 직업군 안에 자신이 하고 싶은 일이 있는지 찾아봅시다. 아니면 하고 싶은 일을 먼저 생각해 보고 그 일은 어떤 강점지능을 가지면 좋은지도 생각해 봅시다.

강점지능이 아니어도 노력해서 그 지능을 키워나가면 됩니다. 우리나라 옛날이야기 중에 옥수수를 심어놓고 날마다 이것을 뛰어넘는 연습을 하는 이야기가 있습니다. 옥수수가 자라날수록 뛰어넘어야 하는 높이도 점점 높아지지만 그만큼 실력도 향상되어 나중에 옥수수가 자신의 키를 훌쩍 넘어도 뛰어넘을 수 있게 되었다는 이야기입니다. 다소 과장된 이야기이기는 하지만 날마다 똑같은 노력을 기울인다면 불가능한 일도 아니겠지요.

자신의 강점 지능 3가지를 살펴보고 관련 있는 직업은 무엇인지 생각해 봅시다. 가령 음악지능과 언어지능과 인간친화지능이 높으면 음악치료사 같은 직업도 좋다고 생각합니다. 부드러운 말과 음악으로 마음이 닫혀 있는 사람들에게 위로를 줄 수 있을 테니까요.

신체운동지능이 좋고 자연탐구지능이 높으면 의사를 해도 좋고 여행가를 해도 좋습니다. 거기에 언어지능까지 좋다면 자신의 경험을 글로 써서 많은 사람들과 공유할 수도 있겠지요. 의사가 되고 싶은데 신체운동지능이 낮고 언어지능이 좋다면 수술을 주로 하는 외과 의사나 성형외과 의사보다는 말로 다른 사람들에게 다가가는 정신과의사나 소아과의사가 더 좋겠지요.

박지성 선수는 신체운동지능도 좋지만 외국생활에 금방 적응하는 것을 보면 언어지능이나 인간친화지능이 높다는 것을 추측해 볼 수 있습니다. 그리고 자신만의 문제를 알고 그것을 극복하기 위해 노력했다는 점에서는 자기이해지능이 높았음을 알 수 있습니다.

다중지능검사를 하고 나서···

다중지능 검사를 했다. 가치관 경매, MBTI 검사 같이 자신의
성격을 알아보는 또 다른 검사였다.
지능의 종류는 8개로 나와 있었는데 음악지능, 신체운동지능,
논리수학지능, 언어지능, 인간친화지능(대인관계지능), 자기이해지능,
자연탐구지능이 있었다. 56개의 항목에 대해 자신과 맞는 정도를
1, 2, 3, 4, 5로 나타내어 총점을 계산하여 합계를 내는 방식으로
검사를 한다.
나는 음악지능, 신체운동지능, 논리수학지능, 공간지능, 인간친화
지능으로 5개가 거의 비슷하게 나왔는데 이렇게 비슷한 것이 많으면
'서치라이트'유형이라고 한다. 내가 원하는 직업인 의사나 교사에게
필요한 것도 있었는데 바로 신체운동지능이다.
내가 다른 지능보다 약한 지능은 언어지능, 자기이해지능, 자연탐구
지능이 있었다. 최악은 언어지능이었다. 내가 말을 못하는 것도 아닌데
왜 그런 점수가 나오게 되었는지 정말 궁금하다.
언어지능을 높이기 위해 책도 많이 읽고 말도 많이 해 보고 논리적으로
듣고, 그렇게 노력해야겠다. 약점을 올리고 강점을 더 높이면서
내 부족한 점을 보완해야겠다.

2 내 미래
모습을
상상해 보기

자신의 미래는 그리는 대로 그려진다는 말이 있습니다. 자신을 어떤 위치에 놓느냐에 따라 그 모습에 가까이 다가가기 위해 부단한 노력을 할 것이기 때문입니다.

'나는 무슨 씨앗일까?'를 읽고…

〈30년 후의 내 모습 상상해서 그리기〉

1. 되고 싶은 것 : 요리사

2. 이유
   ·사람들이 내가 만든 요릴 먹으면 기분이 좋을 것 같아서
   ·부모님께 요리를 공짜로 해 줄 수 있어서
   ·울 아들, 딸에게 맛있는 요리를 해 줄 수 있어서
   ·울 마누라가 요리를 안 해도 돼서

3. 갖춰야 하는 능력
   ·요리지식
   ·창의성
   ·절대미각
   ·손재주
   ·인내심
   ·외국어 능력
   ·적극성

4. 세상에 주는 도움
   ·기쁨
   ·건강
   ·추억
   ·위안
   ·요리에 대한 지식을 넓혀 줄 수 있다.

3 책 속 인물의 좋은 점과 고쳐야 할 점 찾아보기

자신을 잘 안다는 것은 중요한 일입니다. 자기 성찰지능이 높다는 것은 자신을 잘 안다는 이야기이기도 합니다. 자신의 좋은 점을 잘 알아야 더 발전시키고, 그 좋은 점을 활용해 하고자 하는 일을 빛낼 수 있습니다. 또한 자신의 단점을 알아야 고칠 수 있습니다.

성공한 사람들의 이야기를 읽어 보면 좋은 점은 많은 반면 고쳐야 할 점은 별로 없는 것을 알 수 있습니다. 그만큼 자신의 단점을 알고 스스로 고쳐나갔기 때문이겠지요. 자신의 모습을 잘 살펴서 좋은 점과 고쳐야 할 점이 무엇인지 분석해 봅시다. 고쳐야 할 점이 많더라도 그것 때문에 위축될 필요는 없습니다. 고치면 되는 거니까요.

나의 단점과 장점

나는 단점이 없다. 내 스스로 생각하기에 그렇다. 객관적인 시선으로 보았을 때 나는 아주 답답하고 무능력한 사람이겠지만 나는 내 단점마저도 장점으로 생각하기 때문에 그렇게 말한 것이다.

나는 하는 행동이 느리다. 그러나 나는 오히려 위급한 상황에서 침착하고 더 정확하게 일을 해결할 수 있다고 생각한다. 그리고 나는 매우 시끄럽다. 그러나 분위기를 띄우거나 팀원들에게 힘을 불어 줄 때에는 아주 유용하게 쓰인다. 또한 쓸 데 없는데 관심이 많아 하나를 하면 10개에 관심을 쏟아 주의가 잘 분산되는 편이다. 하지만 나는 호기심이 많아 남들보다 더 많은 것을 발견하고 개발하고 깨달을 수 있다. 직사각형 나무도막을 오직 한 줄로만 쌓는 것보다는 여러 줄로 쌓아서 내가 올라갈 길을 더 튼튼히 만드는 것이다. 나는 뚜렷한 주관이 없는 사람이기도 하다. 나는 모든 것을 남의 입장에서 생각해보기 때문이다. 나의 주관적 잣대로 남을 평가하는 것이 아니라 양쪽 모두의 입장에서 그것을 수긍하고 받아들일 줄 아는 사람인 것이다. 나는 미쳤다. 쓸데없이 웃고 쓸데없이 좋아한다. 하지만 작은 것에도 기쁨을 느낄 줄 알고 사소한 것에서도 행복함을 즐긴다. 나는 모두들 검다고 하는 까마귀를 보며 푸른빛이 아름답다고 한다. 나는 사람들이 불가능하다여기는 것을 애정을 갖고 지켜본다. 나는 사람들이 정상 10m 전에서 포기할 때 10m를 올라가는 사람이다. 나는 사람들이 어떤 것을 놓고 서로 다툴 때 조용히 양보하고 더 좋은 것을 찾아 떠나는 사람이다. 나는 단점이 많은 것이 단점이다. 그러나 그런 단점을 모두 장점으로 바꿀 수 있는 능력이 장점이다.

책 속 인물의 훌륭한 점에 자신을 빗대어 보고 자신의 고쳐야 할 점이 무엇인지 생각해 봅니다.

《행복 바이러스 안철수》를 읽고

모든 사람들은 고쳐야 할 점이 있다. 나도 그렇다. 나는 안철수 박사님과 연관 지어 생각해 보았다.

첫 번째, 내가 고칠 점은 자만심이다. 안철수 박사님은 똑똑한데도 절대 자만을 하지 않았다. 하지만 나는 100점 하나만 나와도 자만심이 솟아오른다. 자만을 하면 친구들에게 (잘난척한다고) 왕따를 당한다. 수업시간에 들을 필요가 없다고 생각해서 집중을 하지 않게 된다. 그래서 시험을 볼 때면 벼락치기를 하게 될 것이니 자만심을 갖지 말자.

두 번째로 봉사심을 갖자. 나는 기부 같은 것을 거의 해 본 적이 없다. 하지만 안철수 박사님은 공짜로 백신을 배포해서 진정한 봉사정신을 보여주었다.

세 번째로 배려하는 마음을 가져야 한다. 안철수 박사님은 다른 사람들을 배려해 주셨다. 나도 앞으로 다른 사람을 배려하며 살아야겠다.

4

새롭게 알게 된
직업의 종류를
알아보기

직업과 관련한 책을 읽어보면 아는 직업들도 있고 모르는 직업들도 있을 것입니다. 그럴 때 그냥 넘어가지 말고 그 직업에 대해 알아봅시다. 그 일은 어떤 일을 하는 것인지, 그 일을 하기 위해서 필요한 능력은 무엇인지 알아봅시다.

《13살 내 꿈을 잡아라》를 읽고 새롭게 알게 된 직업

• 이벤트 기획자, 파티시에, 커플매니저
• 이벤트기획자는 어떤 직업인가요?
  이벤트 기획자는 문화 예술 축제, 콘서트, 국제회의 등 다양한 행사를 기획하고 진행합니다. 창의적인 아이디어와 기획력이 있어야 하며

관광이나 이벤트 관련 학과를 나오기도 하지만 전공과는 무관하며 적성이 무척 중요합니다.

- 파티시에는 어떤 직업인가요?
서양과자를 전문적으로 만드는 전문가를 말합니다.
빵과 과자를 잘 만들기 위해 연구하고 새로운 빵과 과자를 개발합니다.
빵은 발효를 어떻게 하느냐에 따라 풍미가 전혀 달라지기 때문에 발효공학에 대한 공부가 바탕이 되어야 합니다. 재료를 섞는 순서나 온도, 조리시간 등 과자의 종류마다 세세한 요령을 이해하고 언제나 똑같은 품질의 제품을 만드는 것이 중요합니다.

- 커플매니저는 어떤 직업인가요?
커플매니저는 컴퓨터에 입력된 고객 정보를 바탕으로 고객이 원하는 이상형에 가까운 상대를 찾아내고 이 결과를 토대로 고객들을 매칭해 주는 일을 합니다. 다른 사람의 삶에 큰 영향을 끼치는 일인 만큼 책임감이 필요합니다. 대인관계가 원만하고 적극적인 사람에게 알맞은 직업이며 채용 시 전공의 제한은 없습니다. 전문회사나 취업 전문교육 기관에 개설된 커플매니저 과정을 수료한 후 활동하게 됩니다.

5 책 속 인물의
성공 요인
알아보기

책 속 인물의 성공요인을 파악해 보며 자기 진로를 성공적으로 이끌기 위해서 갖추어야 하는 것들이 무엇인지 생각해 보는 시간을 갖습니다. 자기인식 활동의 하나입니다.

《유일한 이야기》를 읽고

〈소개〉
유일한은 국가를 소중히 여기는 사람이다. 유일한은 미국에 가서 열심히 공부하고, 숙주나물 회사를 열었다. 잘 나갔지만 한국으로 다시 돌아왔다. 우리나라에 약재가 부족해서 어려움을 겪고 있었기 때문에 약재 회사를 열

없는데 잘 나갔다. 수많은 위기를 헤쳐 나가고 죽을 때까지 조국을
생각하면서 전 재산을 국가에 기부했다.

<유일한의 성공요인>

1. 끈기가 있다 : 체력이 약하지만 장학생이 되고자 미식축구팀에
　　　　　　　　들어갔다.

2. 실천력이 있다 : 돈을 벌어야 한다고 생각해서 떠오르는 일이 있으면
　　　　　　　　바로 실천했다.

3. 리더십이 있다 : 회사 직원들을 잘 이끌어 나간다.

4. 항상 국가를 생각 한다 : 죽을 때도 전 재산을 나라에 기부

5. 자립심이 있다 : 혼자서 미국에서 잘 살았다

6. 결단력이 있다 : 큰 사업을 버렸다.

7. 배려심이 있다 : 나만이 아닌 다른 사람을 생각

8. 고집이 있다 : 아들에게 재산을 물려주지 않음

<느낀 점>

나는 유일한이 애국심이 많다고 생각한다. 왜냐하면 미국에서도 한국
광복군을 만들고 죽어서도 전 재산을 나라에게 주었기 때문이다.
그리고 국가에서 부당한 일을 당했음에도 국가를 위해 일했고 국내에
학교를 만들어 아이들의 교육을 강화했기 때문이다.
나는 유일한이 훌륭하고 본받을 사람이라고 생각한다.

6 성격유형으로
분석해 보기

성격유형을 검사해 보고 성격유형에 대한 이해를 돕고자 책 속 인물의 성격유형을 객관적으로 살펴봅시다. 그리고 자신의 성격유 형에 대해 다시 한 번 생각해 봅시다.

《꿈의 로켓을 쏘다》를 읽고

채연석 박사님은 고막이 터졌음에도 불구하고 포기하지 않았다. 그것을 보면 인내심과 끈기가 있는 것 같다. 로켓을 수도 없이 만든 것을 보면 로켓에 대한 열정도 많은 것 같고 로켓의 전체 모습을 조합할 수 있는 것을 보면 사고력도 많은 것 같다. 다양한 아이디어를 생각해내는 것을 보면 창의성도 좋은 것 같다. 외국어 실력도 좋아 다른 나라에 다녀올 수 있었던 것 같다.

나는 이 책을 읽고 나서 로켓에 대해 많은 것을 알게 되었다. 이 박사님은 우리나라의 최초 로켓이 고려의 '주화'라는 것을 밝혀냈고 조선시대의 '신기전'이 '주화'를 개량한 로켓이라는 것도 알아냈다.

그리고 KSR-I, II, III의 성공적인 개발에 중추적인 역할을 했다는 것도 들었고 대한민국 국회과학기술대상, 과학기술훈장웅비상도 받았다고 했다.

선생님은 이 훈장이 받기 엄청 어려운 것이라고 했는데 받은 것을 보면 채연석 박사님이 참 대단하시고 똑똑한 분이라는 생각이 들었다. 나도 로켓을 만들고 싶다.

이 박사님은 E유형(외향성)일 것 같다. 나는 I유형(내향형)이다. 그리고 박사님은 N(직관형), T(사고형), P(인식형)인데 나는 N(직관형), T(사고형), J(판단형)이다. 박사님은 나보다 창의성이 많은 것 같다. 나는 INTJ형인데 이 유형은 과학, 엔지니어, 발명, 정치, 철학 등이 있는데 나는 그 중에 발명이 제일 하고 싶다.

7 진정한 성공은 무엇인지 생각해 보기

인생을 잘 살기 위해서는 가치관이 중요합니다. 진정한 성공을 부나, 권력, 명예에 두고 그것을 좇다보면 성공한 것처럼 보여도 하루아침에 추락의 아픔을 맛볼 수 있습니다. 어려서부터 진정한 성공이 무엇인지 진지하게 고민해 보도록 합시다.

《레밍딜레마》를 읽고

사람들은 살면서 여러 가지 생각을 한다. 예를 들어 '진정한 성공이란?', '진정한 친구란?', '왜 공부를 하는가?' 등.
오늘 내가 생각한 내용은 '진정한 성공이란 무엇인가?'이다.
진정한 성공이란 뭘까? 사람마다 진정한 성공의 기준이 다를 수 있다.

어떤 사람은 진정한 성공은 돈을 많이 버는 것이라고 생각할 수도 있고
어떤 사람은 현명한 이에게 존경받는 것이라고 생각할 수도 있다.
시인 랄프 왈도 에머슨은 자주, 그리고 많이 웃는 것, 현명한 이에게 존경
받는 것, 아이들에게 사랑을 받는 것, 정직한 비평가의 찬사를 듣고
친구의 배반을 참는 것, 아름다움을 식별할 줄 알며 다른 사람에게 최선을
다하는 것, 자신이 한 때 이곳에 살았음으로 해서 단 한 사람의
인생이라도 행복해지는 것을 진정한 성공이라고 말했다.
나에게 진정한 성공이란 무엇일까? 나는 이 질문을 아마 죽어도 못 풀
것 같다. 하지만 적어도 지금 내가 생각한 진정한 성공은 현재 지금 하고
싶은 일을 하고 누군가에게 인정받으며 행복하고 내가 만족한 인생을 살면
그게 진정한 성공 같다.
진정한 성공을 하기 위해서 필요한 것도 있는 것 같다. 바로 건강, 친구,
가족인 것 같다. 아무리 돈이 많다 해도 건강하지 않으면 그건 진정한
성공이 아닌 것 같다. 또 친구와 가족이 없으면 살면서 기댈 사람이 없어
서 사는 게 힘들 것 같다. 현재는 난 이것들이 진정한 성공이라고 생각한
다. 그러니 이런 생각이 바뀌기 전까지는 이 글처럼 진정한 성공을 위해
살 것이다.

- 커리어넷 www.careernet 직업정보 학과정보 학교정보 학교 홈페이지로 링크됨 진로상담 · 사이버 상담
- 워크넷 www.work.go.kr 직업검색 이색 직업 학과검색
- 학교알리미 www.schoolinfo.go.kr 전국 초 / 중 / 고 특수학교의 최근 교육 소식 학교별 특색 교육 과정
- 대학알리미 www.academyinfo.go.kr 학교종류, 유형, 학과정보 입학 전형, 취업률
- 에듀넷 www.edunet4u.net 대안학교 명단과 입시요강
- 교육인적자원부 www.moe.go.kr 교육인적자원부

〈참고문헌〉

13살 내 일을 잡아라 / 한선정 · 이동철 / 조선북스

고등학교 진로와 직업 / 한국고용정보원 / (주)중앙교육

공부 더 잘하는 독서 / 김순례 / 도서출판 드림피그(주)

꿈을 찾아주는 내비게이터 / 정효경 / 미래북스

내 꿈을 열어주는 진로독서 십대, 책에게 진로를 묻다 / 임성미 / 꿈결

내 아이 다중지능의 비밀 / 백은영 / 경향에듀

내 아이를 위한 진로코칭 / 엄명종 / 문예춘추사

내 인생을 바꾼 한 권의 책 / 잭캔필드 · 게이핸드릭스 / 리더스

다중지능(내게는 어떤 재능이 있을까) / 캐시코크 / 생명의 말씀사

다중지능 혁명 / 홍성훈 / 랜덤하우스

북북서로 진로를 / 조월례 / 나무늘보

상상을 현실로 만드는 독서습관 / 김순례 / 파인앤굿

성적은 짧고 인생은 길다 / 탁석산 / 창비

소설 맹자 / 최인호 / 열림원

오늘 읽은 책이 바로 네 미래다 / 임성미 / 북하우스

자녀의 진로지도는 20년을 내다보고 하라 / 김애련 · 윤덕균 / 민영사

진로교육개론 / 경기도교육연수원

진로독서 가이드북 / (사)전국독서새물결모임 / 고래가 숨 쉬는 도서관

진로와 직업 교재연구 / 경기도교육연수원

진학보다 진로를 먼저 생각하는 십대의 미래지도 / 강보영 / 노란우산

초등학교의 진로교육 / 김충기 · 김현옥 / 한국학술정보

하워드가드너 다중지능 / 하워드가드너 / 웅진지식하우스

학부모 진로진학 상담 / 경기도교육연수원

파트 4에서 다루어진 책

현명한 부모는 아이의 10년 후를 설계한다 / 조진표 / 예담

내가 점점 좋아져 / 아베 나쓰마루 / 큰북작은북

세계 종교 여행 / 김나미 / 사계절

우리나라 지리이야기 / 이우평/ 대교출판

육촌형 / 이현주 / 보림출판사

존롤즈가 들려주는 정의이야기 / 오채환 / 자음과모음

처음 읽는 미래과학교과서1-눈앞의 별천지, 유비쿼터스 / 김영사 / 하원규 외

학 / 황순원

황허에 떨어진 꽃잎 / 카롤린필립스 / 뜨인돌

희망의 섬 78번지 / 우리오를레브 / 비룡소

파트 5에서 다루어진 책

13살 내 꿈을 잡아라 / 한선정 / 조선북스

꿈의 로켓을 쏘다 / 채연석 / 북하우스

나는 무슨 씨앗일까 / 박효남 등 / 샘터

레밍 딜레마 / 데이비드 허친스 / 바다출판사

유일한 이야기 조영권 / 웅진주니어

행복 바이러스 안철수 / 안철수 / 리젬